고은지 글 · 왕지성 그림 · 이주영 감수

북멘토

감수자의 말

'내가 먹는 것이 나를 만든다.'는 말이 있습니다.

소아청소년과 의사로 또 세 아이의 엄마로 진료실과 가정에서 꾸준히 아이들을 만나고 보살피는 삶을 살다 보니, 언제나 가장 마음을 쓰고 조심하게 되는 것은 결국 아이들의 먹거리였습니다. 식중독이며 장염, 성장과 영양, 의외이지만 피부와 면역에 이르기까지 진료실에서 볼 수 있는 수많은 문제는 상당 부분 아이들의 잘못된 식생활에서 비롯됩니다.

그러니 반대로 성장기 아이들의 건강에 우리가 직접적으로 도움을 주거나 변화를 꾀할 수 있는 가장 쉬운 방법은 아이들 스스로 건강한 식습관을 영위할 수 있도록 미리 잘 가르쳐 주는 것이었어요.

이 책의 감수를 맡으며 가장 감사하다고 생각했던 점은 어른들이 챙겨줄 수 있는 '주식'에 대한 관심을 넘어, 자칫 간과하기 쉬운 간식의 영역을 알기 쉬운 아이들의 언어로 소개하고 있다는 점이었습니다. 간식은 사소해 보이지만 의외로 하루 동안 섭취하는 열량에서 차지하는 비중이 대단히 높고, 한번 잘못 형성된 간식 습관은 곧 주식으로, 영양 상태로, 결국 신체 전반에 영향을 미치기 때문이지요.

이 책은 다양한 건강 상식과 더불어 흥미로운 의학사의 에피소드를 유쾌하게 들려줍니다. 모두 뻔히 알고 있다고 생각하는 《백설 공주》이야기를 위트 넘치게 전복해 비밀스러운 재미와 역지사지의 너그러움까지 선사하지요. 교육의 자리에서 헌신하며 어린이들의 전인 성장에 대한 관심으로 책을 집필해 주신 고은지 작가님께 세 아이의 엄마로서 진심을 담아 감사를 전합니다. 이 책을 통해 우리 아이들이 더욱 맛있고 건강한 식습관을 키워나갈 수 있기를 바랍니다.

마기순 점장의 편의점으로 향하며

이주영

 **작가의 말**

　학교나 학원이 끝나고 여러분이 친구들과 가장 먼저 찾는 곳은 어디인가요? 아마도 동네 곳곳에 숨어 있는 편의점이 아닐까 싶어요. 가벼운 주머니 사정으로도 맛있고 든든한 간식거리를 챙겨 먹을 수 있는 곳이니까요.

　호기심 많은 여러분은 어쩌면 편의점 간식들을 둘러보면서 이런 생각을 해 봤을 수도 있겠네요. '요구르트를 먹으면 왜 똥이 잘 나올까?', '매운 라면을 먹고 나서 불난 혀를 달래려면 뭘 먹어야 하지?', '수능 시험을 앞둔 사촌 언니에게 초콜릿을 선물로 주는 까닭은?', '밥배와 디저트 배는 정말 따로 있을까?' 같은 다소 엉뚱한 질문들 말이에요. 그런데 이렇게 엉뚱하다고 생각되는 질문들이 사실은 과학을 배우는 가장 좋은 시작이 될 수 있답니다. 그건 바로 과학 원리가 우리 생활 속에 살아 숨 쉬고 있기 때문이지요.

　이 책은 편의점 진열대에 놓인 여러 가지 간식을 보며 떠오른 엉뚱한 질문으로부터 시작된 이야기랍니다. 그리고 엉뚱해진 김에 좀 더 엉뚱해지고 싶어서, 우리가 아주 잘 알고 있는 백설 공주 대신 백설 공주의 새엄마를 이야기의 주인공으로 내세웠어요. 어휴, 벌써부터 어린이 여러분의 질타가 들리는 듯하네요. 하지만 너무 걱정하진 마세요. 이 책의 주인공 마기순 점장은 자신이 백설 공주에게 했던 그 모든 악행이 인체의 신비를 알지 못해 저지른 실수였다고 인정하고 있으니까요. 여러분, 마기순 점장이 그동안 억울한 누명을 풀고 싶어서 얼마나 열심히 공부했는지, 과연 백설 공주와 화해할 수 있을지 궁금하지 않나요? 지금부터 편의점 간식 속에 숨겨진 맛있고도 재미있는 과학 이야기를 만나러 다 같이 출발해 봅시다.

우리 동네 편의점만큼 어린이를 사랑하는 작가

고은지

차례

감수자의 말　04
작가의 말　06
프롤로그　12

1　캐러멜 먹고 치카치카 – 충치가 생기는 원인　22

오늘의 요점 1　사람의 이, 얼마나 단단할까?　36
오늘의 요점 2　충치가 생기는 과정　37
생활 속 과학 돋보기 1　이를 가장 썩게 만드는 음식은?　39
생활 속 과학 돋보기 2　양치질하기에 딱 좋은 시간은?　40
역사 속 과학 돋보기 1　치약, 언제부터 사용했을까?　42
역사 속 과학 돋보기 2　칫솔, 언제부터 사용했을까?　44

2　맵라면 매운맛의 정체는? – 혀가 느끼는 맛과 고통　45

오늘의 요점 1　우리가 느끼는 다섯 가지 감각　59
오늘의 요점 2　'매운맛'의 정체　60
생활 속 과학 돋보기 1　매운 음식, 왜 자꾸 끌리는 거지?　62
생활 속 과학 돋보기 2　매운 음식의 고통에서 벗어나려면?　63
역사 속 과학 돋보기 1　다섯 번째 기본 맛, '감칠맛'의 발견　64
역사 속 과학 돋보기 2　너 얼마나 맵니? 스코빌 지수　65

3 아몬드는 억울해! – 지방이 하는 일 67

오늘의 요점 두 얼굴의 지방 81
생활 속 과학 돋보기 어떤 지방을 먹어야 할까? 82
역사 속 과학 돋보기 1 트랜스 지방의 탄생 84
역사 속 과학 돋보기 2 세종 대왕도 피해 가지 못한 비만 86

4 요구르트로 변비 탈출! – 대장 속 세균들 87

오늘의 요점 장 속에 사는 다양한 세균들 99
생활 속 과학 돋보기 똥을 보면 건강 상태를 알 수 있다고? 101
역사 속 과학 돋보기 메치니코프의 유산균 사랑 103

5 초콜릿 먹고 정신이 번쩍? — 교감 신경과 부교감 신경   105

오늘의 요점 교감 신경과 부교감 신경이 하는 일   119
생활 속 과학 돋보기 아니, 여기에도 카페인이?   121
역사 속 과학 돋보기 1 자율 신경계와 거짓말 탐지기   123
역사 속 과학 돋보기 2 달콤 쌉싸름한 초콜릿의 매력   124

6 밥 배, 디저트 배가 따로 있다고? — 위의 놀라운 신축성   125

오늘의 요점 1 내 맘대로 움직일 수 없는 위 근육   139
오늘의 요점 2 위의 꿈틀 운동   140
생활 속 과학 돋보기 먹방 유튜버의 위는 보통 사람보다 클까?   141
역사 속 과학 돋보기 1 내시경의 탄생   143
역사 속 과학 돋보기 2 헬리코박터균이 발견되기까지   144

7 저녁에 먹으면 왜 독사과지? – 우리 몸의 생체 시계   146
    오늘의 요점 우리 몸속 생체 시계의 비밀   160
    생활 속 과학 돋보기 생체 시계는 야식을 싫어해요   162
    역사 속 과학 돋보기 노벨상도 주목한 생체 시계의 비밀   164

에필로그   166

프롤로그

황금 사과의 주인공을 찾습니다

'마기순 편의점.'

오늘은 마기순 편의점 개업일이다. 마기순 점장은 손님 맞을 준비로 분주하다. 계산대 위를 부지런히 정리하던 마기순 점장의 눈에 건너편 행복초등학교가 눈에 띄었다. 곧 있으면 어린이 손님들이 들이닥칠 터였다.

'음, 내가 자리 하나는 잘 잡았어.'

마기순 점장은 건너편에 보이는 행복초등학교를 보며 회심의 미소를 지었다. 이 얼마나 고대하던 순간인가. 고생 끝에 낙이 온다는 말은 틀린 말이 아니다.

'이제 내 억울한 누명이 벗겨지는 건 시간문제야.'

마기순 점장은 자신도 모르게 주먹을 불끈 쥐었다. 그간 받았던 서러움이 북받쳐 올랐다.

그동안 마기순 점장은 사람들에게 '인정머리 없는 마녀', '못된 새엄마'라고 불리며 온갖 구박을 받았다. 길을 지나다 마기순 점장을 알아본 할머니 한 분이 짚고 있던 지팡이로 삿대질을 해 댔던

일, 《백설 공주》를 읽은 아이들이 단체로 자신에게 항의 편지를 보냈던 일, 전국 사과 농가에서 사과 이미지를 실추시켰다며 손해 배상을 청구했던 일…….

"크흑."

마기순 점장은 눈물을 참으며 생각했다.

'그때, 내가 백설 공주에게 사과를 주지만 않았어도…….'

기억 저편에서 백설 공주를 만나러 어느 시골의 전원주택을 찾아갔던 일이 생각났다.

"흥, 새엄마가 여기는 웬일이세요?"

오랜만에 만났지만 백설 공주의 까칠한 반응은 여전했다.

"너 말이야, 아무리 사춘기가 세게 온 거라고 하지만 이렇게 갑자기 집을 나가 버리면 어떡하니?"

"신경 쓰지 마세요. 전 여기서 난쟁이 친구들과 합숙하면서 아이돌 꿈을 키울 거니까요. 제 앞길을 가로막을 생각일랑 요만큼도 하지 마시라구요."

'저, 저, 말하는 모양새 좀 보소.'

마기순 점장은 머리끝까지 화가 났지만 고집을 피우는 백설 공주를 데려가기 위해선 최대한 부드럽게 말할 수밖에 없었다.

"내가 이 근처를 살펴보니까 주변에 편의점 하나 없더구나. 매

일 참새가 방앗간 드나들 듯 편의점을 들렀던 네가 먹고 싶은 간식도 못 먹고 있는 걸 알고 나니, 이 새엄마 마음이 얼마나 아픈지 몰라."

편의점이라는 말에 백설 공주의 눈빛이 흔들렸다. 마기순 점장은 이때다 싶어 가지고 왔던 사과 하나를 내밀었다.

"자, 봐 봐. 요새는 편의점에서 이렇게 씻은 사과도 하나씩 판대. 너같이 예쁜 아이는 과일을 챙겨 먹으면서 관리한다던데 이 산골에는 아무것도 없으니, 어쩜 좋으니."

역시, 마기순 점장은 밀당의 대가였다. 예쁘다는 말을 세상에서 제일 좋아하는 백설 공주는 마기순 점장이 내미는 사과를 덥석 받아 들고 우적우적 씹어 먹었다.

하지만, 다이어트를 한다고 하루 종일 아무것도 먹지 않았던 백설 공주의 사정을 마기순 점장이 알았을 리 만무했고, 게다가 하필 마기순 점장이 백설 공주의 집에 도착했던 시간은 야심한 밤이었다는 것! 아, 그땐 왜 몰랐을까? '아침에 먹는 사과는 금 사과, 저녁에 먹는 사과는 독 사과'라는 것을.

평소 위가 좋지 않았던 백설 공주는 사과를 먹은 뒤 복통을 호소하기 시작했고, 그다음은……. 많은 사람들에게 알려진 바와 같다.

그날 일을 후회하며, 마기순 점장은 이후로 부지런히 사람의 몸과 음식 사이의 관계를 공부하기 시작했다. 다시는 이런 어처구니없는 실수를 반복하지 않기 위해서! 실추된 자신의 명예를 회복하기 위해서 말이다!

"난 백설 공주를 해치기 위해 사과를 줬던 게 아니야, 아니라고!"

편의점 계산대에 서 있는 마기순 점장이 억울함을 참다못해 소리를 질렀다.

"으앗! 깜짝이야."

"저 아줌마 왜 저러는 거야?"

"우리 다른 편의점 갈까?"

편의점 문을 열고 들어오던 세 명의 여학생이 마기순 점장의 목소리에 깜짝 놀라 저희끼리 소곤거렸다.

"미안, 혼자 뭘 좀 생각하고 있었거든. 신경 쓰지 않아도 돼. 나 이상한 사람 아니야."

마기순 점장은 금세 표정을 바꿔 고객을 향해 지을 수 있는 최대한 친절한 미소로 세 아이를 맞이했다.

아이들은 안도의 한숨을 내쉬며 편의점을 휘휘 둘러보았다. 그리고 그중 한 명이 편의점 창문을 가리키며 말했다.

황금 사과의 주인공을 찾아라!

세상에 하나뿐인 황금 사과의 주인공을 찾습니다.
마기순 편의점에서 물건을 구입하고 황금 거울이 내는 문제를 맞춰 보세요.
가장 많은 문제를 맞춘 어린이에게 황금 사과를 드립니다.

★ 황금 사과의 효능 ★
건강해집니다. 예뻐집니다. 날씬해집니다.
그리고…… 똑똑해질 수 있습니다.

추신) 《백설 공주》 이야기의 진실이 궁금한 어린이는 특별히 더 환영!

"아줌마, 저 광고지에 있는 거 저희도 할 수 있는 거죠?"

"호호, 물론이고 말고, 세 명 다 참여하면 더욱 좋고 말이야."

마기순 점장이 이렇게 말하자 세 아이가 앞다투어 말했다.

"저 황금 사과는 내 거야. 너희 내 꿈이 아이돌 가수인 건 알고 있지? 요새 방송 댄스 수업도 열심히 가고 있는데, 거기에다가 예뻐지고 날씬해지기까지 하면 완벽하다고!"

"백설희, 웃기지 마. 너만 장래 희망 있냐? 나 요새 여자 축구부에서 엄청나게 활약하고 있는 거 알지? 예쁘고 날씬해지는 거는 별 관심 없지만 건강해진다는 걸 보니 저 황금 사과는 내가 가져가야겠어."

"설희야, 하나야, 미안하지만 저 황금 사과의 주인, 내가 하면 안 될까? 엄마 아빠한테 세계에서 제일 유명한 요리사가 돼서 호강시켜드리겠다고 약속했거든. 효녀 심청하를 위해 한번만 양보해 주라, 응?"

세 아이의 투닥거림을 들으면서 마기순 점장은 자신의 계획이 기가 막히게 들어맞고 있다는 생각에 새어 나오는 웃음을 참기 힘들었다.

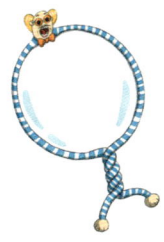

　서로 자기가 황금 사과의 주인공이라며 투닥거리는 아이들을 보며 마기순 점장은 속으로 생각했다.

　'생각보다 말이 많군. 역시 아이들은 피곤해.'

　한 손으로 이마를 짚으며 마기순 점장은 고개를 절래절래 흔들었다.

　"얘들아, 그러지 말고 먹고 싶은 간식이나 고르는 게 어때? 내 생각엔 일단 간식을 골라야 문제를 풀 수 있을 것 같은데 말이야."

　인내심의 한계를 느낀 마기순 점장이 아이들에게 제안했다.

　그러자 백설희가 말했다.

　"아줌마 말이 맞아. 우리 간식이나 고르자."

　'아줌마'라는 세 글자가 너무도 거슬렸지만 편의점을 처음 방문한 고객에게 다짜고짜 짜증을 낼 순 없었기에 마기순 점장은 심호흡을 하며 마음을 다스렸다.

　그 사이, 세 아이는 진열대 사이를 왔다 갔다 하며 꽤 심각하게 간식을 고르고 있었다.

"우리는 삼총사니까 간식도 세트로 맞춰서 사자."

심청하가 말했다.

"좋아, 대신 세 명이 모두 오케이 하는 걸로 고르는 거다."

모하나가 제안했다.

그러면서 세 명은 과자를 들었다 놓고, 삼각 김밥을 들었다 놓고, 탄산음료를 들었다 놓았다.

'참 나, 서로 다툴 때는 언제고 이제 와서 삼총사야? 간식 고르는 데도 한세월 걸리는구만.'

마기순 점장은 혼자 혀를 끌끌 찼다.

그때, 자기들도 답답했는지 모하나가 말했다.

"안 되겠다. 이쯤에서 정하자. 오늘은 가볍게 캐러멜 어때? 난 딸기맛!"

"그래, 새콤달콤한 게 당기기는 했어. 난 포도맛!"

"참 나, 너희는 뭘 몰라도 한참 몰라. 캐러멜계의 최강자는 밀크맛 아니겠어? 나는 기본 밀크맛으로!"

드디어 간식 선정이 끝나고 세 명은 각자 취향껏 고른 캐러멜을 계산대에 올려 놓았다.

"음, 캐러멜이라……. 자, 그럼 이제 문제를 맞추는 일만 남았구나. 문제는 저 황금 거울이 내줄 거야."

계산을 마친 마기순 점장이 말했다.

"아줌마, 바로 문제 푸는 거예요?"

질문하는 심청하의 눈이 토끼처럼 커졌다.

"에이, 설마. 보통 퀴즈쇼를 보면 전화 찬스나 검색 찬스 같은 거 한번씩은 주잖아요. 여기는 뭐 그런 거 없어요?"

캐러멜을 오물거리며 모하나가 말했다.

"맞아요, 학교 수행 평가에도 배우지 않은 문제를 생뚱맞게 내진 않는다고요."

백설희가 쐐기를 박듯 거들었다.

문제 몇 번 내서 자신의 누명을 벗겨 줄 한 사람을 고르려 했던 마기순 점장의 계획이 틀어지는 순간이었다. 당황한 마기순 점장은 재빨리 타협안을 제시했다.

"좋아, 그럼 내가 문제를 푸는 데 필요한 내용을 아주 알기 쉽게 설명해 주지. 하지만 설명은 딱 한번! 문제를 푸는 기회도 딱 한 번! 그 정도면 너희도 충분히 문제를 풀 수 있을 거야. 어때?"

"좋아요. 할 만하네요."

세 아이는 모두 동의의 표시로 고개를 끄덕였다.

마기순 점장은 팔자에도 없는 선생 노릇까지 하게 되었다며 혼자 구시렁거렸다. 하지만 달리 뾰족한 수가 떠오르지 않았다. 요즘 애들을 너무 만만하게 본 걸 탓하며 마기순 점장은 아이들을 앞혀 놓고 설명을 시작했다.

"자, 설명을 시작한다. 난 두 번 말하는 건 딱 질색이니까 똑똑히 잘 들어야 해. 너희, 사람의 몸에서 가장 단단한 부분이 어디인 줄 알아?"

마기순 점장이 첫 번째 질문을 던졌다.

"저요, 저요! 당연히 뼈지요."

심청하가 손을 들어 말했다.

"땡!"

"저요, 저요! 혹시 손톱?"

"땡!"

백설희도 손을 들어 말했지만 보기 좋게 '땡' 소리를 들었다.

"정답은 바로 '치아'야. 지금부터 우리 인간의 이가 어떻게 생겼는지 알려줄 테니 잘 보도록!"

마기순 점장이 황금 거울을 향해 "사람의 치아"라고 외치자 황금 거울에는 다음과 같은 그림이 비춰졌다.

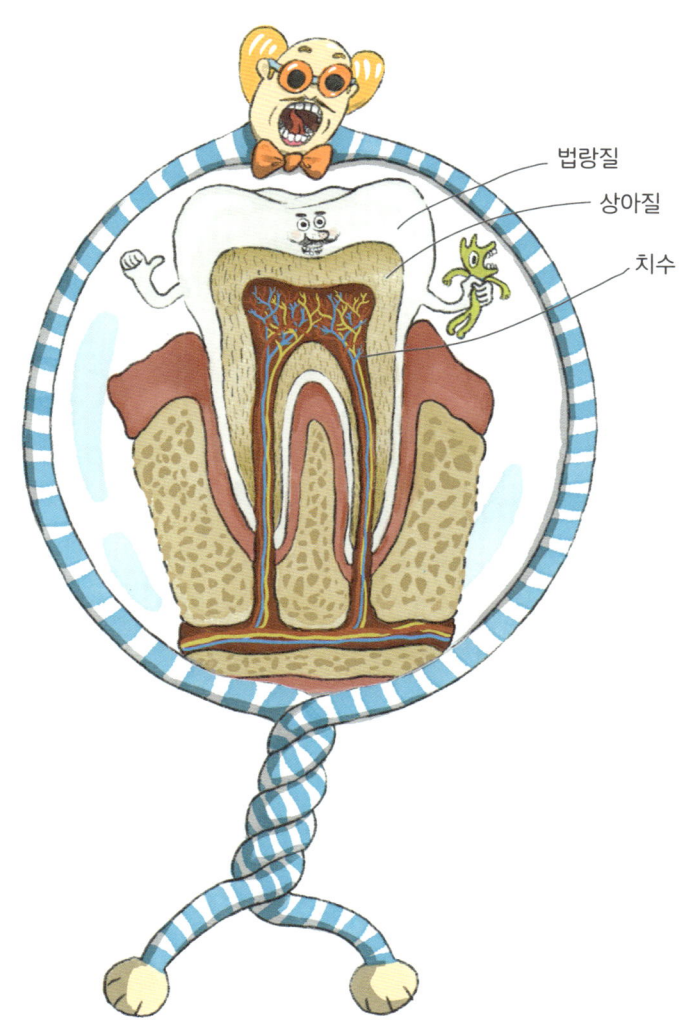

"사람의 몸에서 가장 단단한 부분은 저 치아 구조에 보이는 '법랑질'이야. 입으로 들어오는 딱딱하고, 차갑고, 뜨거운 음식을 잘게 조각내려면 아주 튼튼해야겠지? 하지만 저 법랑질은 생각보다 그리 두껍지 않고 한번 손상되면 다시 생성되지 않아 관리를 잘해야 해."

"아! 그래서 엄마가 매일 그렇게 양치질을 강조하는 거였군요."

"그렇지, 양치질을 하지 않으면 입속에 세균이 번식해서 저 단단한 법랑질을 뚫고 상아질과 치수까지 점령해 버려. 저 치수는 말이야, 신경과 혈관이 얽힌 덩어리이기 때문에 조금이라도 상하게 되면 바로 뇌에 통증 신호를 보내. 그럼 그 무시무시한 치통이 시작되는 거야. 치통만 있으면 다행이게? 최악의 경우에는 치과에서 아예 이를 뽑아야 할 수도 있다고."

치과라는 말에 아이들의 눈살이 찌푸려졌다.

그때, 모하나가 손을 들어 질문했다.

"근데, 세균이 얼마나 튼튼하길래 우리 몸에서 제일 단단하기로 이름난 법랑질을 뚫는다는 거예요?"

"오호, 아주 좋은 질문! 너희는 몰랐겠지만, 입안에는 엄청나게 많은 미생물이 살고 있어. 지금까지 발견된 미생물은 약 700여 종이 넘는다고 해. 그런데 이 중 절반은 아직도 연구가 덜 되어 이름

조차 붙지 않았다고 하는구나. 그중에 충치를 만들기로 가장 유명한 녀석이 '뮤탄스'라는 세균이지."

"헉, 우리 입안에 그렇게나 많은 미생물이 살고 있다고요?"

심청하가 놀라며 자기 입을 손으로 틀어막았다.

"뮤탄스는 사람의 치아 근처에 살면서 입에 남은 음식이나 치아 사이에 낀 음식들을 먹으며 살아. 너희, 뮤탄스가 제일 좋아하는 먹이가 뭔지 아니?"

마기순 점장이 눈을 가늘게 뜨고 아이들에게 물었다.

"저처럼 고기를 좋아하는 거 아닐까요?"

"아니야, 내가 어디서 들었는데 단 걸 많이 먹으면 이가 썩는다고 했어. 아마 단 음식일 걸?"

두 아이의 대답을 듣고 마기순 점장이 외쳤다.

"딩동댕! 정답이야. 뮤탄스는 입안에 들어온 여러 음식 중에서 당분이 들어간 음식을 가장 좋아하지. 이렇게 달콤한 음식을 배불리 먹은 뮤탄스는 우리 입안에 배설물을 남겨."

"뭐라구요? 배설물이라고요? 내 입에 똥오줌을 싼다고요?"

모하나가 깜짝 놀라며 물었다.

"음……, 어쨌든 먹고 나서 배설하는 물질이니까 뮤탄스의 똥과 오줌이라고 해도 틀리지는 않겠구나. 그래, 인간으로 치자면 똥과 오줌! 그런데 문제는 여기서부터 시작이야. 뮤탄스의 배설물은 산성을 띠는데 치아의 표면을 감싸고 있는 법랑질은 산성에 의해 부식되는 성질이 있거든. 그뿐만 아니라, 뮤탄스는 치아에 남은 음식물들과 한데 섞여 끈적한 세균막을 만들기도 하는데, 이게 바로 치태(플라그)라고 하는 거야. 치태를 꼭 제거해야 하는 이유는 치태가 바로 입안 세균에게 보금자리를 제공하기 때문이지."

"그, 그럼……, 지금 우리가 먹고 있는 이 캐러멜도……."

심청하가 열심히 오물거리던 입을 멈추며 말했다.

"빙고! 너희는 지금 뮤탄스가 좋아하는 먹이를 듬뿍듬뿍 주고 있는 셈이지."

"안 돼!"

세 명이 동시에 비명을 질렀다.

마기순 점장은 세 아이의 놀라는 모습에도 눈 하나 꿈쩍하지 않고 황금 거울을 향해 말했다.

"그럼 이제 황금 거울이 내는 문제를 맞춰 보도록 할까? 거울아, 거울아! 황금 사과의 주인을 찾아 주는 캐러멜 문제를 내다오."

마기순 점장이 주문하자 황금 거울에 문제가 나타났다.

캐러멜을 구입해 주신 고객님들,
감사합니다.
황금 사과의 주인을 찾는 첫 번째 문제를 드립니다.

다음 중 충치가 가장 잘 생기는 간식은 무엇일까요?

① 사탕   ② 젤리   ③ 초콜릿   ④ 과자

문제를 본 세 아이는 서로 손을 들어 정답을 외쳤다.

"백설희, 정답! ①번 사탕. 저 중에서 사탕이 제일 달 것 같지 않아?"

"모하나, 정답! ③번 초콜릿. 초콜릿은 색도 까만 게 딱 봐도 충치가 잘 생길 것 같잖아. 게다가 달긴 또 얼마나 달아?"

"어휴, 그래서 너희는 안 된다는 거야. 단 것만 생각하면 되겠니? 과자 부스러기가 얼마나 입에 많이 남는데, 그래서 나, 심청하의 정답은 ④번, 과자!"

세 명의 정답을 들은 마기순 점장은 어디서 가져왔는지 실로폰을 두드리며 말했다.

"땡! 땡! 땡! 모두 다 틀렸어. 정답은 ②번 젤리야."

어리둥절해하며 서로 쳐다보고 있는 아이들을 향해 마기순 점장이 이야기를 이어 갔다.

"충치는 당분이 많은 음식에 의해 생기기도 하지만 끈적끈적한 식감으로 치아에 잘 달라붙는 음식에 의해서도 생겨나. 그래서 젤리, 캐러멜, 엿 같은 음식을 먹으면 양치질을 더 꼼꼼히 해야 하는 거라구. 자, 이로써 오늘의 승자는? 아무도 없네!"

마기순 점장의 얄미운 웃음을 보며 세 아이는 내일은 꼭 문제를 맞추고야 말겠다고 다짐했다.

오늘의 요점 1

사람의 이, 얼마나 단단할까?

물질의 단단한 정도를 측정하는 방법 중에 '모스 굳기계'를 이용하는 방법이 있어. 독일의 과학자인 프리드리히 모스가 처음으로 생각해 낸 방법인데, 주위에서 흔히 볼 수 있는 암석들을 서로 긁어서 어느 암석에 흠집이 나는지를 보고 상대적인 굳기와 단단함을 순서로 매긴 거야. 그래서 가장 무른 암석인 활석은 1로, 가장 단단한 암석인 다이아몬드가 10이 된 거야. 인간의 치아 중 법랑질은 5에 해당해. 모스 굳기 4에 해당하는 강철보다 높은 수치이지. 이 말을 다르게 하면, 사람의 치아는 강철에 흠집을 낼 수 있지만 강철은 사람의 치아에 흠집을 낼 수 없다는 뜻이기도 해.

우리 몸의 손톱과 뼈도 단단하지 않냐고? 물론이지. 손톱의 단단하기는 모스 굳기 약 2.5인 금과 거의 비슷하고 뼈는 그보다 좀 더 단단하다고 해. 하지만 뭐니 뭐니 해도 우리 몸에서 가장 단단한 부분은 바로 '치아'란다. 그렇다고 방심하면 안 돼. 치아는 우리 신체 부위 중 가장 단단한 부위이기도 하지만 유일하게 재생이 되지 않는 부위이거든. 이 말은 한번 부러지면 다시 자라날 수 없다는 뜻이야. 보통 일반인이 하루 세끼 식사를 하면서 치아를 맞닿는 횟수가 900회 정도라고 해. 아무리 강하다고 해도 많이 쓰는 만큼 잘 관리하고 아껴야 하는 건 당연하겠지?

오늘의 요점 2

충치가 생기는 과정

사람은 왜 통증을 느낄까? 신경을 따라 고통이 뇌로 전해지기 때문이야. 그런데 치아의 법랑질에는 신경이 없기 때문에 아무리 세균의 공격이 거세어도 고통을 느낄 수가 없지. 하지만 아프지 않다고 그냥 놔두면 절대 안 돼. 법랑질에 있던 세균들이 신경과 혈관으로 이루어진 치수까지 침투하는 건 시간문제거든.

충치의 진행 단계

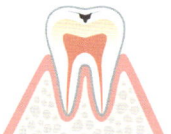

① 법랑질 표면에 충치가 생긴 상태.

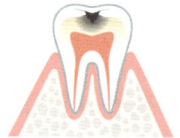

② 상아질까지 충치가 진행한 단계.

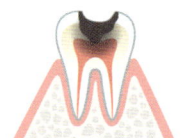

③ 충치가 치수까지 침투해 신경을 자극하는 단계.

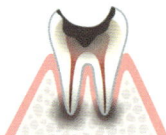

④ 염증이 치아의 뿌리까지 침투한 상태.

충치의 진행 단계는 크게 네 단계로 나눌 수 있어. 1단계는 충치가 법랑질까지 침범한 경우야. 법랑질에는 신경이 없기 때문에 통증이 거의 없어. 그래서 그냥 지나치기 쉽지. 2단계는 충치가 상아질까지 파고든 경우야. 차가운 물을 마셨을 때 이가 시리거나 약간의 통증이 느껴지지만 일상생활에 지장이 있는 정도는 아니야. 3단계까지 충치가 진행되면 상당한 통증이 느껴질 거야. 신경까지 충치가 점령해 있고 염증까지 생긴 상태거든. 4단계는 염증이 치아의 뿌리까지 진행된 상태라 음식물을 씹을 때마다 통증이 심하게 느껴져. 잇몸이 많이 붓고 피가 나기도 해. 이쯤 되면 간단하게 치료할 수 있는 시기를 놓친 셈이니 아픈 이를 부여잡고 치과로 가야 하지. 치아 건강을 위해 하루 세 번 양치질과 정기적인 치과 검진을 잊지 말자고!

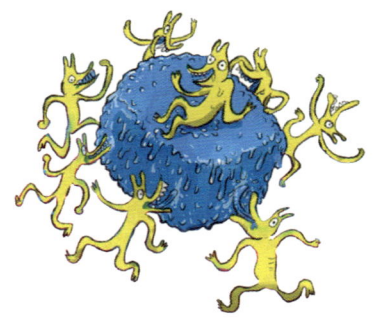

생활 속 과학 돋보기 1

이를 가장 썩게 만드는 음식은?

그럼 우리가 평소에 먹는 수많은 음식 중에서 충치가 잘 생기게 하는 음식은 뭘까? 우리나라 치과 의사들이 충치를 유발하는 식품을 1점에서 50점까지 숫자로 표기해 놓은 '충치 유발 지수'를 보면 잘 알 수 있지. 점수가 높을수록 충치가 잘 생기는 음식이니까 평소 자주 먹는 음식 중에 어떤 음식이 포함되어 있는지 잘 살펴보길 바라.

충치가 생기기 쉬운 음식들은 당 성분이 많고, 치아에 달라붙어서 입안에 머무는 시간이 길거나, 가공된 음식이라는 특징들이 있어. 하지만 충치 유발 지수가 낮더라도 왕창 먹고 양치질을 제때에 하지 않으면 아무 소용 없다는 거! 규칙적이고 올바른 양치 습관은 기본 중의 기본인가 봐.

충치 유발 지수

탄산음료	고구마	아이스크림	초콜릿	인절미	사탕	비스킷	캐러멜	젤리
10	11	11	15	19	23	27	38	46

충치가 잘 생기는 음식 →

생활 속 과학 돋보기 2

양치질하기에 딱 좋은 시간은?

올바른 양치질의 '333 법칙'을 알고 있니? '하루 세 번, 음식을 먹고 난 뒤 3분 이내, 3분 이상 양치질'을 줄여서 쓰는 말이야.

충치균인 뮤탄스가 입안에 들어온 음식물 찌꺼기를 먹고 배설물로 산성 성분을 만들어 내는 데는 평균 3분이 걸린대. 그러니 음식을 먹고 나서 3분 안에 양치질을 하면 뮤탄스가 우리 치아에 배설물을 투척해서 이가 썩는 걸 막을 수 있지.

양치질은 3분 정도 하는 걸 권장하고 있어. 3분을 지키되 올바른 방법으로 양치를 하는 것이 중요하겠지? 칫솔질은 세로 방향으로, 윗니는 위에서 아래로, 아랫니는 아래에서 위로 닦아야 해. 잇몸과 치아 경계면도 잊지 않고 구석구석 닦아 주는 게 중요해. 간혹 양치질을 오래 하면 할수록 좋다고 생각해 강한 힘으로 치아를 빡빡 세게 닦는 사람도 있는데, 그런 방법은 오히려 치아 표면을 손상시키기 때문에 바람직하지 않아.

'333 법칙'을 기본으로 칫솔은 가급적 얇고 부드러운 것을 사용하면서 치아를 잘 관리하자고.

참, 깜빡할 뻔했다! 탄산음료나 과일 주스처럼 산성이 많이 들어간 음식은 먹고 난 뒤 바로 이를 닦으면 오히려 치아에 해롭다고 해. 음식물의 산성 때문에 치아가 약해져 있는 상태에서 치아에 힘을 가해 양치질을 하면 치아가 더 마모될 수 있기 때문이지. 그러니 탄산음료나 과일 주스 또는 식초 성분이 들어간 음식을 먹고 난 다음에는 30분 정도 후에 이를 닦아야 한다는 점도 기억하자고!

역사 속 과학 돋보기 1

치약, 언제부터 사용했을까?

치아 건강을 지켜 주는 치약은 언제부터 세상에 등장했을까? 치약에 관한 가장 오래된 기록은 기원전 1600년경에 만든 고대 이집트의 의학 문서에서 발견되었다고 해. 그후 기원전 400년경에는 '희고 완벽한 이를 위한 치약 제조법'이라는 제목의 문서가 등장하지. 이 문서에 따르면, 이집트인들은 붓꽃을 주원료로 삼고 거기에다 소금, 민트, 후추 등을 섞어 치약을 만들었다고 해. 그런데 놀라운 사실이 하나 있어. 최근 과학자들이 붓꽃에 있는 성분을 조사했는데, 붓꽃이 잇몸 질환을 치료하는 데 매우 효과적인 성분을 갖고 있더라는 거야. 이집트인들의 지혜가 놀랍지 않아?

우리나라는 어땠을까? 우리 조상은 소금을 사용해 이를 닦았어. 소금을 손가락에 묻혀 입안을 닦는 방법으로 청결을 유지했지. 우리나라 대표적인 의서 《동의보감》에는 "소금으로 이를 닦고 더운물로 양치를 하면 이에

42

남은 독이 제거된다."고 쓰여 있어. 하지만 지금과 달리 당시는 소금이 매우 비쌌기 때문에 일반 백성들은 지푸라기를 이용해서 이를 닦고 쑥을 달여 그 물로 입을 헹구는 방식을 사용하기도 했대.

지금 우리가 주로 사용하고 있는 튜브 형태의 치약은 6·25 전쟁 때 미군에 의해 처음으로 전해졌어. 이후 1954년경, 락희화학공업사가 우리나라 최초의 튜브 치약인 '럭키 치약'을 만들어 팔면서 시작하면서 튜브형 치약의 대중화가 시작되었지.

칫솔, 언제부터 사용했을까?

음식을 먹고 난 뒤에는 치아 건강을 위해 양치질을 하라고 하잖아? 이 '양치질'이라는 말은 언제 어디에서 처음 사용했을까?

지금으로부터 약 900년 전, 중국 송나라 때 손목이라는 사람은 《계림유사》라는 책에 짤막한 서술을 남겼어. 버드나무 가지를 이빨로 잘근잘근 씹어서 한쪽을 솔처럼 만들어 이를 닦거나 한쪽을 이쑤시개처럼 뾰족하게 만들어 이물질을 제거하는 용도로 사용한다고 말이야. 여기서 버드나무 가지를 뜻하는 한자인 '양(楊: 버드나무 양)'과 '지(支: 가지 지)'가 바로 지금의 '양치'라는 말의 시작이 된 거지. 실제로 버드나무에는 살균 효과와 염증 완화 성분이 있어서 지금의 칫솔 대용품으로 효과가 있었을 거야.

이렇게 버드나무 가지 칫솔을 사용하다가 15세기경, 중국 황실에서는 멧돼지 털로 만든 지금의 칫솔과 비슷한 도구를 만들어서 사용하기 시작했어. 당시 이 칫솔은 무역상들에 의해 유럽까지 전파가 되었고 말이야. 하지만 동물의 털로 만들어진 칫솔은 값이 비싸고 뜨거운 물이 닿으면 흐물흐물해져서 불편한 점이 많았지. 1938년, 수많은 시행착오 끝에 미국 듀폰 사에서 나일론 칫솔모를 개발하게 돼. 드디어 지금의 칫솔과 가장 비슷한 모습의 칫솔이 탄생하게 된 거야.

"딩동!"

편의점 문이 열리며 백설희, 모하나, 심청하가 줄줄이 안으로 들어왔다. 그런데 백설희의 표정이 심상치 않다. 울다 왔는지 눈가가 빨갛다.

"안녕? 애들아, 그런데 오늘 분위기가 좀 별로인 거 같네?"

마기순 점장이 알은체를 하며 인사를 건넸다.

콧물을 훌쩍이며 백설희가 답했다.

"저 지금 말할 기분 아니에요. 깊은 마음의 상처를 입었다고요."

뒤따라 들어오는 모하나가 입술에 검지를 갖다 대며 마기순 점장에게 아무 말도 하지 말라는 신호를 보냈다. 심청하가 마기순 점장에게 다가와 귓속말로 속삭였다.

"우리 학교에 김민우라고 있거든요. 공부도 잘하고, 운동도 잘하고, 의리파에, 이번에 우리 학교 전교회장도 됐어요. 그런데 오늘 설희가 민우한테 고백했다가 차였어요. 안 그래도 제가 절대 안 받아 줄 거니 고백하지 말라고 그렇게 말렸는데……."

귓속말이라고는 했지만 백설희에게 다 들릴 정도로 큰 목소리였다. 심청하는 백설희가 보내는 따가운 레이저빔 눈빛에 더는 말을 이을 수 없었다.

백설희는 자리에 앉자마자 원망을 쏟아 내기 시작했다.

"김민우! 지가 잘나면 얼마나 잘났다고 이 백설희 고백을 거절해? 나로 말할 것 같으면, 유치원 다닐 때부터 한 번도 남자애한테 차인 적이 없다고! 너희도 알지? 발렌타인데이마다 내 사물함이 초콜릿으로 꽉 차는 거. 그런 날 거절하다니, 그것도 친구들이 다 보는 앞에서! 나 내일부터 창피해서 어떻게 학교 가냐고. 엉엉."

점점 커지는 울음소리에 모하나와 심청하는 백설희의 등을 토닥거리며 달래 주었다.

그런 세 아이 앞으로 마기순 점장이 성큼성큼 걸어왔다.

"참, 나! 난 또 무슨 큰일이라도 난 줄 알았네. 그만 울어, 뚝!"

마기순 점장의 단호한 목소리에 백설희가 깜짝 놀라 마기순 점장을 올려다봤다. 마기순 점장이 물었다.

"니가 김민우 좋아한다고 김민우가 꼭 널 좋아해야 해? 김민우 맘이 니 맘이야?"

울음을 참다 딸꾹질까지 해가며 백설희가 대답했다.

"아니요. 딸꾹!"

"그럼, 이 세상에 남자가 김민우밖에 없어?"

"아니요. 딸꾹!"

"김민우가 널 좋아하지 않으면 무슨 큰일이라도 생겨?"

"아니요!"

마지막 질문에는 백설희가 발끈하며 대답했다.

마기순 점장은 팔짱을 끼며 말했다.

"오케이! 그럼 됐어! 백설희는 그냥 백설희답게 행복하면 되는 거야. 가서 간식이나 맛있게 먹어."

"네!"

백설희가 주먹을 불끈 쥐며 자리에서 일어났다. 방금까지 하던 딸꾹질도 멈췄다.

모하나와 심청하도 마기순 점장과 백설희의 대화에 감명을 받았는지 자못 결연한 표정으로 상기되어 있었다.

통통 부운 눈의 백설희가 모하나와 심청하를 쳐다보며 말했다.

"얘들아, 우리 오늘은 화끈한 맵라면 어때? 스트레스가 쌓였을 때는 매운 음식으로 날려 버리면 좋잖아?"

세 아이는 일사불란한 동작으로 맵라면을 고르고 뜨거운 물을 부은 뒤, 라면이 익기를 기다렸다.

"나는 세상에서 라면이 익는 이 3분이 제일 지루해. 뭐 재미있는 이야기라도 해 봐라."

모하나가 나무젓가락을 흔들며 말했다.

그러자 심청하가 무릎을 치며 말했다.

"아, 참! 우리 이럴 때가 아니야. 오늘도 황금 사과 문제 풀어야 하잖아!"

세 아이는 일제히 마기순 점장이 서 있던 계산대 쪽을 바라봤.

아이들의 모습을 쭉 지켜보고 있던 마기순 점장이 기다렸다는 듯 말했다.

"참, 일찍도 말하네. 라면 먹을 생각에 문제 푸는 건 싹 다 잊어버렸지?"

모하나는 마기순 점장의 핀잔에 배시시 웃으며 대꾸했다.

"에이, 금강산도 식후경이라는 말 모르세요? 문제 풀다가 라면 다 불어 버리면 어떡해요?"

옆에서 듣던 백설희도 모하나의 말을 거들었다.

"그럼, 그럼. 마기순 아줌마도 배울 만큼 배우신 분이니까 이 정도는 당연히 이해하실 거야. 맞죠옹?"

마기순 점장은 정말이지 못 말리는 아이들이라고 생각했으나 방금까지 인생의 최대 시련을 겪었다며 눈물 콧물 쏙 뺀 걸 생각해 귀엽게 봐주기로 했다.

"오케이! 그럼 오늘은 먹방 수업이 되겠구나. 어차피 직접 매운 음식을 먹어 봐야 매운맛이 주는 뜨거움과 통증을 더 실감나게 느낄 수 있을 테니까 말이야."

마기순 점장의 말을 듣고 심청하가 물었다.

"매운맛이 주는 뜨거움과 통증이라고요?"

"음……, 여기서 통증이라는 말은 자극을 뜻해. 매운맛은 사실 '맛'이 아니라 온도와 통증에서 느껴지는 '자극'이거든."

자극이라는 말에 세 아이가 부지런히 움직이던 젓가락질을 멈추며 놀란 눈으로 쳐다봤다.

"잠시만 기다려 봐. 너희가 매운 라면을 먹고 있는 지금 이 순간, 혀에서는 어떤 일이 일어나고 있는지 보여 주도록 하지. 거울아, 거울아! '사람의 혀'를 보여 줘."

그러자 거울에는 분홍색의 혓바닥이 확대되어 비춰졌다.

"일단, 맛을 느끼는 과정을 알기 위해서는 우리 혀에 있는 유두와 미뢰가 뭔지 알아야 해. 혀를 쭉 내밀고 거울을 보면 아마 작은 돌기 같은 것들이 튀어나와 있는 걸 볼 수 있을 거야. 그 돌기 하나하나를 '혀 유두'라고 해."

아이들은 라면을 먹다 말고 혀를 내밀어 서로의 혀를 쳐다봤다.

"오! 진짜 있네. 혀 표면에 오돌토돌한 것들이 잔뜩 나 있어."

마기순 점장은 설명을 이어갔다.

"음식을 먹으면 제일 먼저 이가 음식을 잘게 으깨 줘. 그런 뒤에는 혀가 이리저리 움직이며 잘게 쪼개진 음식과 침을 잘 섞어 놓지. 그럼 음식에 있던 맛물질이 액체 상태가 되면서 저 유두 사이사이에 있는 맛봉오리로 흘러들게 된단다."

"맛봉오리라구요?"

"응. 다른 말로는 '미뢰'라고도 해. 이 맛봉오리 안에 바로 맛을 느끼는 열쇠인 미각 세포가 들어 있지! 미각 세포들은 맛 물질을

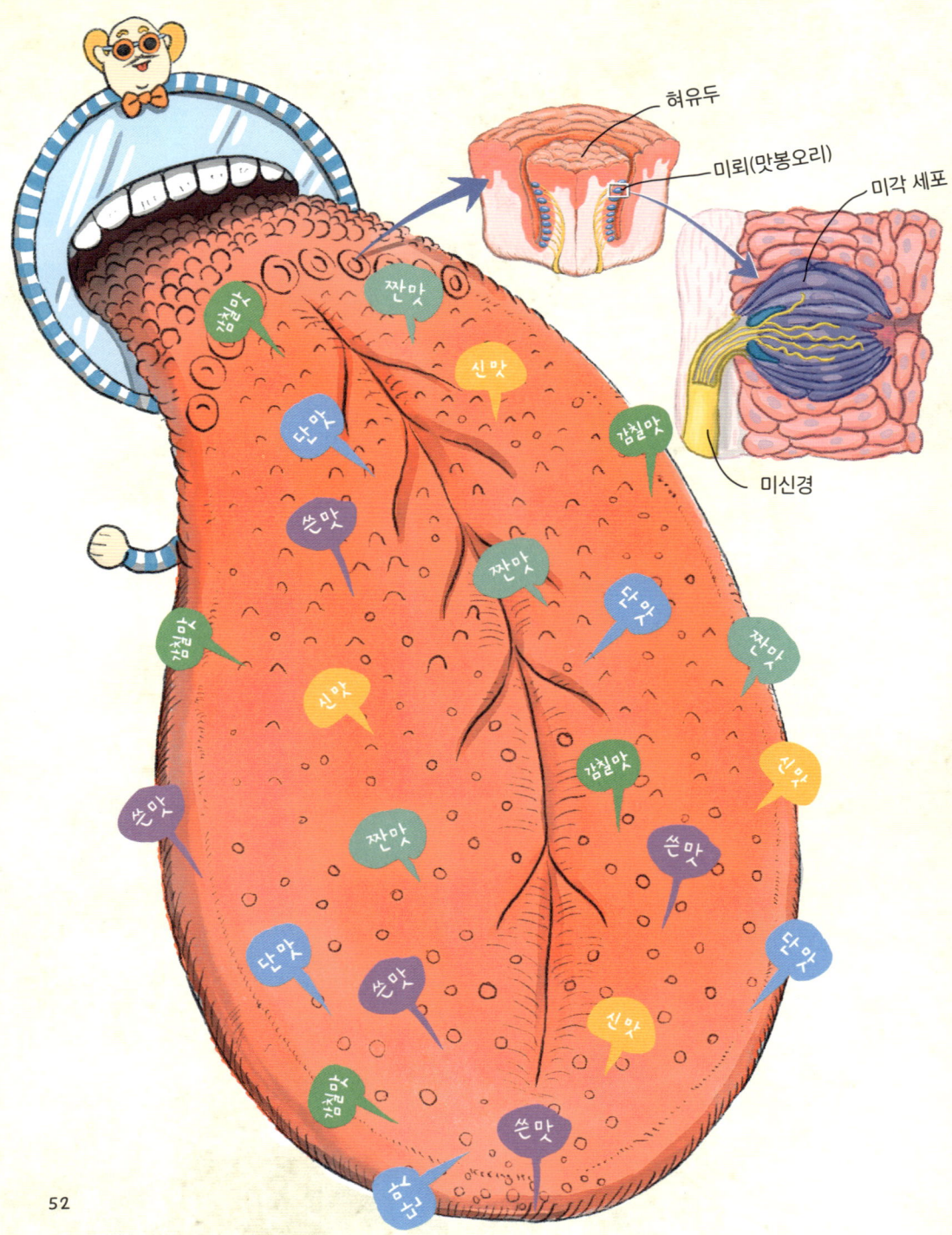

감지해서 자신이 느낀 맛을 뇌로 전달해 줘. 그럼 뇌에서는 미각 세포의 신호를 읽고 '단맛, 짠맛, 신맛, 쓴맛, 감칠맛'을 느끼는 거지. 이런 과정을 거쳐서 우리는 음식의 맛을 느끼게 되는 거야."

설명을 듣고 있던 심청하가 물었다.

"그럼 미각 세포는 '단맛, 짠맛, 신맛, 쓴맛, 감칠맛'만 느낄 수 있는 거예요?"

"인간이 꼭 다섯 가지 맛만 느낄 수 있다고 단언할 수는 없어. 사실, 감칠맛을 느끼는 미각 수용체를 발견한 것도 2001년의 일이니까 말이야."

"혹시, 매운맛을 감지하는 미각 수용체를 아직 발견하지 못한 건 아닐까요?"

백설희의 질문에 마기순 점장이 고개를 절레절레 흔들며 대답했다.

"매운맛은 미각 수용체가 느끼는 맛이 아니야. 온도와 통증을 느끼는 감각 수용체에서 느끼는 자극이지. 매운 음식 안에 '캡사이신'이라는 성분이 들어 있다는 말은 들어 봤지? 이 캡사이신이 혀나 입천장에 있는 감각 수용체를 자극해 뜨거움과 통증을 느끼게 하는 거야. 왜, 매운 음식을 먹으면 땀이 날 정도로 더워지면서 화끈한 느낌이 들잖아. 그게 통증이었던 거지."

라면을 먹다가 너무 매웠는지 손부채를 부치며 혀를 식히고 있는 백설희가 말했다.

"아, 매워! 그래서 먹을 때는 좋은데 다 먹고 나면 이렇게 고통스러운 거였군요. 이렇게 매울 때는 시원한 민트초코 아이스크림이 딱이지!"

백설희는 재빨리 냉동고로 가 민트초코 아이스크림을 하나 꺼내 왔다.

민트초코 아이스크림의 포장지를 뜯으려는 순간, 마기순 점장이 백설희를 제지하며 물었다.

"백설희, 네 혀에 두 배의 고통을 안겨 줄 셈이야?"

"네? 제 혀에 불이 났으니까 얼른 차가운 아이스크림으로 불을

꺼야죠. 민트맛 아이스크림은 훨씬 시원한 느낌을 주잖아요."

백설희가 나름 근거를 들며 말했지만 마기순 점장은 단호했다.

"노노, 매운맛의 종류에는 캡사이신의 매운맛만 있는 건 아니야. 시원하게 매운맛도 존재하지. 지금 네가 골라 온 '민트'가 딱 그렇지. 민트에는 멘톨 성분이 포함되어 있는데 멘톨 성분은 혀의 감각 수용체를 자극해. 캡사이신과 반대로 온도가 낮을수록 자극이 심해지는 냉각 수용체를 활성화시키지. 박하사탕을 먹었을 때 입안이 시원하면서도 화한 느낌이 들었던 걸 떠올리면 이해가 쉬울 거야. 캡사이신으로 뜨거워져 고통받는 혀에 차갑게 고통을 주는 멘톨 성분이라, 나라면 다른 방법을 찾아보겠어."

그제서야 백설희는 입을 삐죽거리며 민트초코 아이스크림을 다시 냉동고에 갖다 놓았다.

세 아이가 모두 매운 라면을 먹고 입술이 벌게진 채로 혀를 내밀고 있었다. 그 모습을 본 마기순 점장이 황금 거울 앞으로 아이들을 불러 모으며 말했다.

"자, 이제 문제를 풀 시간인 것 같구나. 아마 이 문제가 너희의 불난 혀를 식히는 방법을 알려 줄 수도 있을 것 같은데? 거울아, 거울아! 황금 사과의 주인을 찾아 주는 맵라면 문제를 내다오."

마기순 점장이 주문하자 황금 거울에 오늘의 문제가 나타났다.

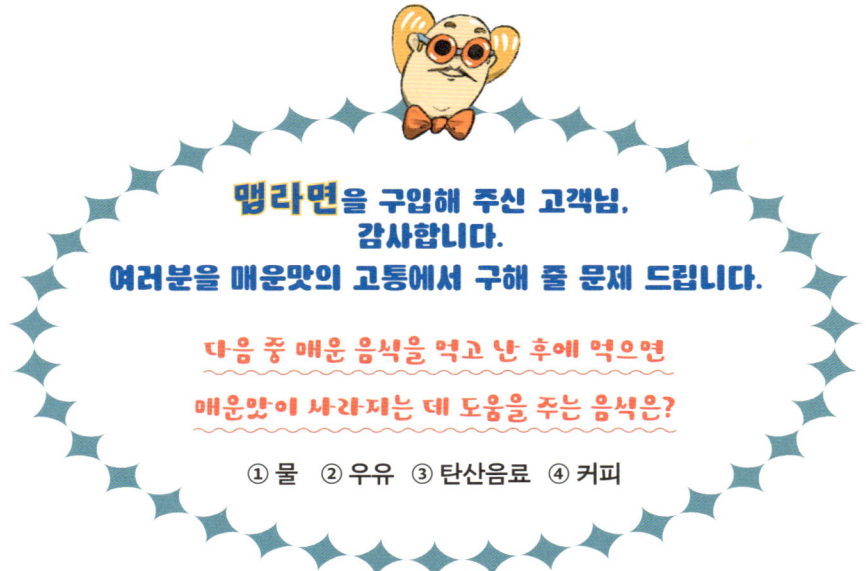

맵라면을 구입해 주신 고객님, 감사합니다.
여러분을 매운맛의 고통에서 구해 줄 문제 드립니다.

다음 중 매운 음식을 먹고 난 후에 먹으면 매운맛이 사라지는 데 도움을 주는 음식은?

① 물 ② 우유 ③ 탄산음료 ④ 커피

문제를 본 모하나가 가장 먼저 손을 들어 말했다.

"모하나, 정답! ①번 물을 마셔야 해요. 차가운 물이면 더 좋겠죠? 불이 났을 때도 물을 뿌리잖아요."

그러자 심청하가 고개를 갸웃거리며 말했다.

"아닌데, 내가 저번에 실수로 오이고추인 줄 알고 청양고추를 먹었다가 입에 불난 적 있거든? 그때 물을 엄청 많이 마셨는데 별로 도움이 안 됐어."

"그건, 네가 타고난 맵찔이라 그런 거야. 웬만해서 물로 안 되는 게 어딨냐?"

"뭐? 맵찔이? 나 너보다 매운 거 잘 먹거든!"

심청하와 모하나가 투닥거리기 시작하자 백설희가 두 아이의 입을 양손으로 막으며 말했다.

"워~ 워~, 이번 문제는 이 백설희님의 차지가 되겠군. 정답! ②번 우유! 제가 매운 음식을 먹고 얼굴이 빨개져 있으면 항상 엄마가 우유를 주셨거든요."

백설희의 대답을 들은 마기순 점장이 "딩동댕!"을 외쳤다.

"오호, 용케 오늘의 문제는 맞추었구나. 설희 말이 맞아. 매운 음식을 먹고 나서 통증이 가시지 않을 때는 우유를 마시면 도움이 돼. 우유 안에 들어 있는 카제인이라는 단백질과 유지방이 캡사이신을 혀에서 씻어 주는 세제 같은 일을 하거든. 물을 마셔도 매운 맛이 가시지 않는 까닭은 바로 캡사이신이 물보다는 기름에 잘 녹는 지용성이기 때문이지."

정답을 맞춘 백설희가 연방 '앗싸!'를 외쳐 댔다.

"얘들아, 첫 번째 문제를 맞춘 기념으로 내가 바나나 우유 쏠게."

한껏 기분이 좋아진 백설희가 모하나와 심청하를 향해 윙크를 날리며 말했다.

마기순 점장은 눈앞에서 방방 뛰고 있는 저 아이가 방금까지 울고불고 난리를 쳤던 백설희가 맞는지 신기할 따름이었다.

'에휴, 아이들이란 정말 알다가도 모를 존재로군.'

마기순 점장은 고개를 설레설레 흔들며 혼잣말을 했다.

우리가 느끼는 다섯 가지 감각

우리 몸은 감각을 통해 세상의 정보를 받아들여. 우리가 주로 알고 있는 감각은 촉각, 시각, 미각, 청각, 후각으로 모두 다섯 가지이지만 사실, 최근 과학자들은 인간이 느낄 수 있는 감각의 수가 그보다 훨씬 더 많다고 주장하기도 하지.

인간은 촉각, 시각, 청각, 후각, 미각을 통해 세상에서 보내는 정보를 대뇌로 전달해. 그중에서 촉각은 다섯 가지 감각으로 이루어져 있지. 촉각을 통해 우리는 추위, 뜨거움, 압력, 가려움, 통증 등을 느낄 수 있어.

미각은 어떨까? 혀에서 느낄 수 있는 기본 맛으로 알려진 단맛, 신맛, 짠맛, 쓴맛, 감칠맛을 느끼면서 입으로 들어오는 음식의 맛을 분별해 내지.

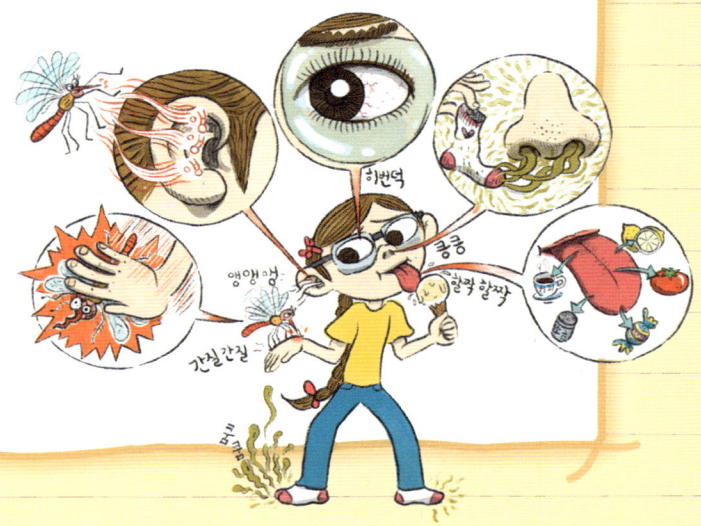

오늘의 요점 2

'매운맛'의 정체

매운맛은 사실 '맛'이 아니야. 앞에서 살펴봤듯이 맛을 느끼기 위해서는 특정한 맛에 반응하는 미각 수용체가 있어야 해. 하지만 사람의 혀에는 그 어디에도 매운맛을 담당하는 곳이 없다고 해. 그럼 우리는 맵다는 느낌을 어떻게 알 수 있을까?

매운맛은 혀와 입천장에 있는 감각 수용체가 활성화되면서 느껴지는 감각이야. 이 감각 수용체는 맛을 느끼는 미각 수용체가 아니라 온도와 통증을 느끼는 감각 수용체라는 점이 중요해. 짠맛, 신맛, 단맛, 쓴맛, 감칠맛 같은 다섯 가지 기본 맛은 미각 수용체에서 느껴져서 '맛'으로 분류되는데, 매운맛은 감각 수용체에서 느껴지는 것이기 때문에 '맛'이라고 할 수 없지. 매운 라면을 먹었을 때 입안이 화끈거렸던 느낌은 정말 통증이었던 거야.

매운맛의 종류에는 '뜨겁게 매운맛'과 '시원하게 매운맛' 두 가지가 있어. 이는 음식에 포함된 화학 물질에 따라 반응하는 온도 수용체가 서로 다르기 때문이야.

주로 알려진 온도 수용체로는 '피알피브이(PRPV)1'과 '티알피엠(TRPM)8' 두 가지가 있어. 한식에 자주 사용되는 식재료인 고추나 마늘의 화끈하고 얼얼한 매운맛은 '피알피브이(PRPV)1'에서 주로 느끼는 감각이야. 이 수용체는 보통 온도가 43℃ 이상일 때 활성화돼. 그럼 우리 뇌는 이를 위험한 상황이라고 인지하고 심장 박동수를 올리며 몸에 열을 내지. 그래서 매운 음식을 먹으면 땀이 나고 자연스럽게 손부채질을 하게 되나 봐. 반대로 박하사탕을 먹었을 때 느껴지는 차가운 매운맛은 '티알피엠(TRPM)8'에서 느껴지는 감각이야. 멘톨 성분이 들어간 사탕이나 허브를 먹고 '화하다'는 표현을 하게 만드는 장본인이지.

사람의 뇌는 너무 뜨겁거나 너무 차가우면 그것을 통증으로 느끼기 때문에 과한 '맵부심'은 자제할 필요가 있어. 음식의 풍미를 돋우기 위해 적당한 매운맛을 가미하는 건 좋지만 경쟁적으로 매운 음식을 찾아 먹는 건 우리 몸에 고통을 안기는 일이기도 하니까 말이야.

생활 속 과학 돋보기 1

매운 음식, 왜 자꾸 끌리는 거지?

스트레스를 받고 매운 음식이 생각났던 적이 있어? 아마 매운 음식을 먹고 나서 쾌감을 느꼈던 사람일수록 스트레스 받는 상황에서 매운 음식을 찾게 될 거야.

매운 음식이 자꾸 끌리는 이유는 여러 가지가 있어. 첫 번째로는 매운 음식의 색깔 때문이지. 매운 음식은 주로 붉은색을 띠고 있는데 이 붉은색이 식욕을 돋우는 색 중의 하나거든. 우리 주변에서 볼 수 있는 잘 익은 과일과 채소도 주로 붉은색을 띠고 있어. 진화론적으로 인간은 붉은색을 맛있고 영양가 많은 상태라고 인지하기 때문에 붉은색 음식을 보면 먹고 싶다는 생각이 드는 거래. 둘째로는 매운 음식을 먹고 난 후 뇌에서 분비되는 호르몬 때문이야. 우리 몸은 매운 음식을 먹으면 위험 신호로 인지해 고통을 줄이기 위한 엔도르핀 호르몬을 내보내. 엔도르핀은 진통 효과는 물론 일정 수준의 쾌감을 주기도 하지. 그래서 매운 음식을 먹고 난 후의 그 짜릿함을 다시 느끼고 싶어 하는 거야. 그리고 아드레날린이라는 호르몬도 분비되는데, 이 호르몬은 교감 신경을 자극해 심장 박동을 빠르게 해. 그러면 몸에 열이 나고 땀이 나기도 하지. 어떤 사람들은 이때 개운함을 느껴 매운 음식을 더 찾는 거야.

매운 음식의 고통에서 벗어나려면?

너무 매운 음식을 먹고 나서 후회하게 되었을 때 어떻게 대처하면 좋을까? 맛이 있어서 계속 매운 떡볶이를 집어 먹고 있는데 혀에서는 불이 나는 느낌이 들고 갑자기 배가 아프다면? 그때는 아래 음식을 먹으면 입안의 불을 끄는 데 도움이 될 수 있어.

▶ **우유**
매운 음식을 먹었을 때 손상될 수 있는 위를 보호해 줄 수 있어. 매운 음식을 먹기 전에 우유 한 잔을 먹으면 위에 얇은 막이 만들어져서 매운맛이 주는 자극을 완화시킬 수도 있지.

▶ **양배추**
매운 음식에 들어 있는 캡사이신을 너무 많이 먹으면 속이 쓰리고 위에 통증을 느낄 수도 있어. 이때 위 점막을 보호해 주고 몸을 안정시키는 양배추를 먹으면 속이 쓰린 증상을 완화할 수 있단다.

▶ **꿀**
꿀은 우리 몸의 염증 반응을 완화시키고 소화를 도와주는 음식이야. 따뜻한 물에 꿀을 타서 먹으면 매운 음식으로 상처 받은 위장을 진정시킬 수 있어.

▶ **탄수화물 성분 음식**
탄수화물로 이루어져 있는 식빵, 밥, 고구마 등은 매운 음식 속에 있는 캡사이신을 흡수하고 분해해. 매운 떡볶이를 먹을 때 주먹밥이 빠지지 않는 까닭도 바로 탄수화물이 매운맛을 완화시켜 주기 때문이지.

역사 속 과학 돋보기 1

다섯 번째 기본 맛, '감칠맛'의 발견

얼마 전까지만 해도 우리는 인간의 혀에서 느낄 수 있는 기본 맛이 '단맛, 신맛, 쓴맛, 짠맛'이라고 알고 있었어. '감칠맛'은 최근에 추가된 다섯 번째 기본 맛이라고 할 수 있지. 이 감칠맛은 1908년 일본 과학자 이케다 기쿠나에가 처음으로 발견했어. 이케다 기쿠나에 박사는 평소 맛에 관심이 많았대. 그는 두부 전골을 먹다가 두부에 스며든 다시마 국물의 맛이 기존에 우리가 알고 있던 '단맛, 신맛, 쓴맛, 짠맛'과는 별개의 것이라고 생각했지.

이 맛의 정체를 밝히기 위해 연구를 거듭한 결과, 이 감칠맛의 대표 성분인 글루탐산을 다시마에서 추출해 내는 것에 성공하게 돼. 하지만 인간이 감칠맛을 느끼는 경로에 대해서는 과학적으로 설명하기 힘들었지. 그러다가 2001년 미국의 한 연구진이 사람의 혀에서 글루탐산을 수용하는 미각 세포를 찾아낸 거야. 그래서 지금은 '감칠맛'까지 포함된 다섯 가지 기본 맛이 자리 잡게 되었지. 감칠맛이 주로 포함된 식품에는 다시마, 토마토, 고기, 버섯, 조개 등이 있어.

역사 속 과학 돋보기 2

너 얼마나 맵니? 스코빌 지수

'맵부심'이 강하다면 매운 라면 먹기에 한 번쯤 도전해 본 적이 있을 거야. 혹시 매운 라면 뒷면에 적힌 '에스에이치유(SHU)'라는 글자를 본 적 있니? '에스에이치유(SHU)'는 어떤 음식의 매운 정도를 나타낼 때 쓰는 '스코빌 지수'를 나타내는 표기야. 스코빌 히트 유니트(Scoville Heat Unit)의 줄임말로 간단하게 '에스에이치유(SHU)'라고 표기하지. 이 지수는 미국의 약사였던 윌버 스코빌이라는 사람이 1912년에 고안했어. 매운맛을 내는 대표적인 물질인 캡사이신 성분을 추출해서 그 정도가 많을수록 높은 수치를 매겨 놓은 거야.

처음 이 지수를 측정할 때는 사람들이 직접 매운 음식을 맛보며 숫자를 매겼대. 첫 단계로 마른 고추의 무게를 정확하게 저울로 재고 그 고추의 캡사이신 성분을 알코올에 추출한 뒤, 설탕물에 추출물을 조금씩 희석하면서 훈련된 감별사들이 맛을 보고 측정하는 방법이었어. 감별사 중 적어도 세 명 이상이 매운맛을 느끼는가 느끼지 못하는가를 기준으로 1에서 100까지 매운맛의 차등을 두었다고 해. 하지만 지금은 과학 기술이 발전해서 고성능 액체 크로마토그래피와 탄소나노튜브를 이용해 캡사이신 농도를 더욱 정확하고 간단하게 측정하게 되었지.

우리가 흔히 맵다고 여기는 청양고추의 스코빌 지수는 4,000~12,000SHU 라고 해. 그런데 이런 청양고추도 명함을 내밀지 못할 정도로 매우 고추가 있다지 뭐니. 인도에서는 수류탄 제조에도 쓰일 정도로 강력한 매운맛을 자랑하는 '부트 졸로키아'라는 고추는 스코빌 지수가 85만~100만SHU래. 하지만 여기서 끝이 아니야. 바로 캐롤라이나 리퍼라는 고추인데, 이 고추는 '저승사자'라는 별명이 아깝지 않을 만큼 160만~220만SHU 정도의 스코빌 지수를 자랑해. 휴, 정말 이름만 들어도 무시무시한 걸.

"하나, 둘! 하나, 둘!"

모하나가 우렁찬 구령 소리와 함께 편의점 문을 활짝 열어 젖혔다. 어디서부터 달려왔는지, 이마에는 땀이 송글송글 맺혀 있다.

"어? 오늘은 왜 혼자 왔어?"

마기순 점장의 질문에 모하나는 씩 웃으며 손가락으로 편의점 앞 골목길을 가리켰다. 백설희와 심청하가 허우적거리며 달려오는 모습이 보였다.

한참 뒤 도착한 백설희가 숨을 몰아쉬며 말했다.

"에고, 숨차. 모하나! 아무리 경기가 코앞이라지만 편의점 오는 길까지 훈련할 필요는 없잖아. 너 때문에 우리까지 이게 뭐냐?"

"그러니까 말이야. 달리기는 왜 그렇게 빠른 건지. 너 따라오느라 숨넘어갈 뻔했어."

심청하도 모하나에게 한마디했다.

"나 원 참, 이렇게 약해 빠져서야."

모하나는 헉헉대고 있는 두 친구를 한심하다는 눈으로 쳐다보며 말했다.

"곧 경기가 있나 보구나?"

세 아이의 대화를 듣던 마기순 점장이 모하나에게 물었다.

"네! 이번 주말에 초등 여자 축구부 리그전이 있거든요. 무슨 일이 있어도 이번에는 꼭 이겨야 해요. 기다려라, 사랑초등학교! 작년에 패배했던 치욕을 갚아 주겠어."

모하나가 주먹을 불끈 쥐며 말했다.

"하나야, 치욕이고 뭐고 일단 뭐 좀 먹자! 갑자기 달리기를 하니 배가 다 고프네."

백설희가 모하나의 말을 끊으며 말했다.

"좋아. 하지만 간식을 먹더라도 함부로 고

를 순 없지. 빠른 스피드와 냉철한 판단력에 도움이 되는 그런 간식을 찾아야 해."

"저기……, 하나야, 없던 스피드와 판단력이 간식을 먹는다고 갑자기 생길까?"

심청하가 모하나 눈치를 보며 말했다.

"그런 간식이라면 내가 알고 있는데, 오늘은 이 마기순 점장의 추천 간식을 먹어 보겠어?"

"그게 뭔데요?"

세 명의 아이가 합창이라도 하듯 물었다.

마기순 점장이 팔짱을 끼며 말했다.

"아. 몬. 드."

기대 가득한 눈으로 마기순 점장을 쳐다보던 아이들은 실망했는지 동시에 '에이~' 하는 소리를 냈다.

"어머머, 얘들 좀 봐. 너희 아몬드에 대해서 얼마나 안다고 이러는 거야?"

황당해하는 마기순 점장에게 백설희가 한 발 나서며 말했다.

"아줌마, 저희가 아무리 무식해도 아몬드가 지방이라는 사실 정도는 알고 있어요. 비만의 주범, 지방 말이에요."

"맞아요. 경기를 앞두고 있는데 지방을 먹으면 살이 쪄서 몸이 무거워질 거 아니에요. 그럼 완전 꽝이라구요."

모하나도 백설희의 말을 거들며 말했다.

"휴, 너희에게 알려 줘야 할 게 하나둘이 아니네. 무엇보다 지방에 관한 오해를 푸는 게 제일 급한 거 같다."

"지방에 관한 오해요?"

"그래, 너희는 지금 지방에 관해 심각한 오해를 하고 있어. 지방에도 좋은 지방과 나쁜 지방이 있는데 그걸 한데 묶어서 비만의 주범이라고 매도하면 되겠니?"

마기순 점장의 질문에 아이들은 서로 멀뚱멀뚱 쳐다보기만 했다.

"먼저, 지방 세포가 우리 몸에서 하는 일을 살펴보는 게 좋겠구나. 알지? 설명은 딱 한 번! 잘 들어."

마기순 점장은 황금 거울 앞으로 가서 "거울아, 거울아! 지방 세포를 보여줘."라고 주문했다.

황금 거울에 지방 세포가 보이자 마기순 점장이 말했다.

"너희, 모두 자기 팔뚝 살을 한번 만져 봐."

마기순 점장의 말을 듣고 자신의 팔뚝 살을 만지작거리던 심청하가 말했다.

"오, 말랑말랑한 게 꼭 쿠션 같아요."

"맞아! 지금 너희가 만지고 있는 게 지방이야. 지방은 우리 몸에서 사용하고 남은 에너지를 주로 피부 아래나 내장 주변에 저장하지. 저 그림을 보면 지방 저장고라고 있지? 바로 여분의 에너지를 지방의 형태로 저곳에 쌓아 두는 거야. 우리는 지방이라고 하면 자동적으로 비만을 떠올리지만, 적정량의 지방은 피부 아래와 내장 주변에 쌓여서 우리 몸을 보호하는 역할을 하지. 마치 자동차

에어백처럼 말이야."

"그럼 우리 몸이 쓰고 남은 에너지가 많으면 저기 지방 저장고가 더 커지는 거예요?"

"그렇지. 몸이 필요로 하는 에너지보다 더 많은 에너지가 들어오면, 남는 용돈을 은행에 저금하는 것처럼 지방으로 차곡차곡 쌓아 놓는 거야. 주로 허벅지, 엉덩이, 아랫배 쪽에 말이야."

"오 마이 갓!"

백설희가 자신의 뱃살을 만져 보며 말했다.

"지방이 이렇게 남은 에너지를 저장해 놓지 않는다면 우리 몸은 비상사태에 대비할 수 없어. 혹시라도 우리가 음식을 섭취할 수 없는 상황이 되었을 때 위력을 발휘하는 게 바로 이 지방이거든. 지방은 1그램으로 9킬로칼로리의 에너지를 만들어 낼 수 있어. 탄수화물과 단백질이 1그램으로 4킬로칼로리를 만들어 내는 것에 견주면 약 두 배의 효율을 자랑하지."

"그러니까 지방 저장고는 우리 몸의 연료 창고인 셈이네요."

모하나가 말했다.

"그렇지! 게다가 지방은 단백질과 더불어 우리 몸을 구성하는 데 아주 중요한 역할을 해. 특히 우리 몸의 가장 기본 단위인 세포의 막을 만드는 데 없어서는 안 될 성분이야. 특히 뇌! 뇌는 우리 몸에서 가장 많은 지방을 포함하고 있는 기관이기도 해."

"지방은 우리 몸에 해만 끼치는 줄 알았는데 의외로 좋은 일을 많이 하고 있었네요. 그런데, 지방이 만들어 낸다는 저 렙틴 호르몬은 뭐예요?"

심청하가 황금 거울을 가리키며 물었다.

"좋은 질문이야. 렙틴 호르몬은 뇌에 '배가 부르다'는 신호를 보내는 일을 해. 우리가 밥을 충분히 먹고 나면 배가 부르니까 그만 먹어야겠다는 생각이 들지? 바로 그게 렙틴 호르몬이 하는 일이야. 음……, 과식하는 사람은 렙틴 호르몬의 신호를 무시하고 있거나 과식이 습관이 돼서 렙틴 호르몬의 신호를 잘 알아차리지 못한다고 볼 수 있지."

"저! 질문 하나요! 우리 엄마는 제가 좋아하는 햄버거, 피자, 감자 칩에 지방이 너무 많이 들어 있다면서 자주 못 먹게 해요. 지방이 이렇게 좋은 일을 하는데 왜 못 먹게 하는 거예요?"

모하나가 손을 들고 물었다.

"오! 드디어 오늘의 주제와 딱 맞아떨어지는 이야기가 나왔구나. 엄마들이 가공식품을 많이 먹지 못하게 하는 까닭은 바로 가공식품에 나쁜 지방이 많이 들어 있기 때문이야."

"나쁜 지방이라고구요? 지방도 좋고 나쁜게 있어요?"

"물론이지! 이래서 공부를 해야 하는 거라니까. 지방이라고 다 같은 지방이 아니라는 말씀! 거울아, 거울아! 세 가지 지방을 보여 줘!"

마기순 점장의 주문이 떨어지자마자 황금 거울에 세 가지 종류의 지방이 모습을 드러냈다.

"자, 우리가 지방을 영양분으로 섭취하게 되면 우리 몸속 소장에서는 커다란 지방 덩어리를 지방산과 글리세롤로 잘게 쪼개는 작업을 해. 지방이 소화되는 거지. 그때 쪼개진 지방산의 모양이 어떠하냐에 따라 포화 지방산과 불포화 지방산이라는 이름이 붙게 되는 거야."

"아, 저 지방산들 중에 좋은 지방산과 나쁜 지방산이 있다는 말이군요?"

설명을 듣던 모하나가 물었다.

"눈치 하나는 빠르군. 저기 보이는 불포화 지방을 잘 기억해 두도록 해. 이 불포화 지방은 몸에서 따로 만들어지지 않기 때문에 꼭 식품으로 섭취해야 해. 이 지방들은 우리 혈관에 쌓여 있는 찌꺼기를 제거해서 심장이 잘 뛸 수 있도록 도움을 주지. 그리고 우리 몸의 총사령관인 뇌가 제대로 기능하기 위해서도 불포화 지방산이 꼭 필요해. 이 말은 모하나가 그토록 원하는 스피드와 판단력을 갖추기 위해서는 불포화 지방산을 듬뿍 함유한 이 아몬드가 오늘의 간식으로 적당하다는 말씀!"

언제 꺼냈는지 모를 수첩에 모하나가 재빠르게 마기순 점장의 설명을 받아 적고 있었다.

"반면에 포화 지방은 세포막을 만들고 체온을 조절해 주는 좋은 역할도 하지만 너무 많이 먹으면 혈관에 쌓이게 돼. 그래서 포화 지방은 적정량 먹어야 하고 말이야."

설명을 듣고 있던 백설희가 말했다.

"저 트랜스 지방은 설명을 하지 않아도 왠지 몸에 나쁠 것 같은 느낌이 물씬 풍기는데요?"

"맞아! 트랜스 지방은 먹어서 좋을 게 하나 없는 지방이지. 트랜스 지방은 사람이 인공적으로 만든 지방이야. 음식의 유통기한을 늘리고 액체 지방으로 요리를 하던 것을 고체 지방으로 요리할 수 있도록 혁신적인 변화를 이끌었지. 그런데 문제는, 이 트랜스 지방이 우리 몸에 들어오면, 혈관에 쌓일 뿐 아니라 배출도 잘 안 된다는 거야. 게다가 우리 몸에 트랜스 지방이 많이 쌓이게 되면 동맥 경화, 당뇨병, 알레르기 같은 심각한 질병이 발생한다고 하니 섭취에 유의해야 해."

세 아이는 동맥 경화, 당뇨병, 알레르기라는 무시무시한 병명에 인상을 찌푸렸다.

"오케이! 저는 이제부터 트랜스 지방이 아닌 몸에 좋은 불포화 지방이 가득 들어 있는 아몬드를 간식으로 챙겨 먹을 거예요."

마기순 점장이 설명을 마치자 모하나가 우적우적 아몬드를 씹으며 말했다.

"아무리 좋은 음식이라도 과하면 안 되겠지? 그런 의미에서 오늘의 문제는 이걸로 내야겠군!"

마기순 점장의 말이 끝나자 황금 거울에 문제가 띄워졌다.

아몬드를 구입해 주신 고객님, 감사합니다.
재빠른 스피드와 냉철한 판단력에 도움이 되는 간식, 아몬드!

다음 중 하루에 섭취해야 하는 아몬드의 적정량으로 알맞은 것은 몇 번일까요?

① 1~10알 ② 15~25알
③ 50~100알 ④ 많으면 많을수록 좋다

문제를 본 심청하와 백설희가 동시에 손을 들어 정답을 외쳤다.

"심청하, 정답! ④번! 아몬드는 몸에 좋은 불포화 지방이니까 많으면 많을수록 좋은 거 아니겠어요?"

"어, 저도 ④번이요! 청하야, 내가 너보다 빨리 손 들었거든."

백설희가 심청하의 말을 끊으며 나섰다.

그때, 모하나가 투덕거리는 둘에게 손을 내저으며 말했다.

"둘 다 땡일 걸? 아까 아줌마 설명도 못 들었냐? 아무리 좋은 음식이라도 과하면 안 된다고. 그러니까 정답은 ①번이야."

마기순 점장은 모하나의 대답을 듣고 "딩동댕!" 실로폰을 울렸다.

"모하나, 정답! 설명을 열심히 듣더니 오늘 문제의 주인공이 되었구나. 하나 말이 맞아. 어린이의 아몬드 하루 권장량은 10개 미만이야. 한 주먹 정도니까 하루에 먹기 딱이지."

모하나가 친구들을 향해 손가락으로 승리의 브이(V)를 내보이며 의기양양한 표정을 지었다.

현재 스코어

백설희	모하나	심청하
X	O	X
O	X	X
X	X	X

두 얼굴의 지방

지방은 우리 몸에서 아주 많은 일을 하고 있어. 지방은 어린이들이 자라나는 성장 과정에 도움을 주고 충분한 에너지를 공급해 주는 연료로도 작용해. 탄수화물이나 단백질의 두 배가 넘는 에너지를 제공하지. 또 지방은 세포막을 만들고 어떤 비타민들의 흡수를 돕기도 해. 비타민 A, D, E, K는 기름에 잘 녹는 성질을 가지고 있거든. 그리고 배가 부르면 포만감을 느껴 음식을 그만 먹도록 뇌에 신호를 보내 주는 '렙틴 호르몬'을 만들어 주기도 하지. 이런 중요한 지방이 몸에 부족해지면 혈관이 약해지고 피부가 거칠어지는 증상이 생겨.

하지만 뭐든 지나치면 독이 된다는 걸 명심해. 적당한 지방은 우리 몸을 건강하게 해 주지만 지나친 지방은 오히려 몸을 해치기 때문이야. 지방의 고소한 맛에 취해 너무 많이 섭취하면 비만 같은 질병의 위험에 노출될 수 있어. 게다가 피가 끈적끈적해져서 심장과 뇌에 병이 생길 수도 있지. 지나치게 살이 찌면 고혈압이나 당뇨병 같은 성인병에 걸릴 위험도 높아지니 주의해야 해.

생활 속 과학 돋보기

어떤 지방을 먹어야 할까?

우리가 먹는 음식에는 다양한 영양소가 포함되어 있어. 지방도 아주 여러 종류가 있지. 지방의 종류는 크게 세 가지로 나눌 수 있어. 불포화 지방, 포화 지방, 트랜스 지방이지.

불포화 지방은 실온에서 주로 액체 상태로 존재해. 어떤 불포화 지방은 우리 몸에 꼭 필요한 영양 성분을 갖고 있어서 필수 지방산이라고 불리기도 해. 불포화 지방에는 오메가-3와 오메가-6가 포함되는데 오메가-3는 견과류, 고등어, 삼치 같은 등 푸른 생선 등에 많이 들어 있고, 오메가-6는 콩기름, 옥수수유, 참기름 같은 식물성 기름에 많이 들어 있어. 그러니 아몬드, 호두, 잣 같은 견과류를 간식으로 적정량 챙겨 먹으면 건강에 이롭겠지?

포화 지방은 불포화 지방과 달리 실온에서 고체 상태로 존재해. 버터나 돼지고기, 소고기의 지방을 생각하면 쉽지. 포화 지방은 세포막을 만들기도 하고 손상된 혈관을 수리하는 역할도 하지만 너무 많으면 혈관에 쌓여서 몸에 좋지 않아. 그래서 포화 지방은 적당하게 먹는 게 좋지.

돌연변이 지방이라는 별명을 갖고 있는 트랜스 지방은 멀리할수록 좋아. 트랜스 지방은 자연 상태인 식물성 기름에 수소를 첨가해 단단하게 만든 지방인데 고소하고 맛이 좋아 주로 가공식품에 많이 들어가.

트랜스 지방은 비만 체형을 만들기 쉽고, 아토피성 피부염의 발병률을 높이기도 해. 뿐만 아니라 나쁜 콜레스테롤을 늘리고 좋은 콜레스테롤을 낮춰 포화 지방보다 두 배 더 위험하다는 연구 결과도 있어.

될 수 있으면 가공식품을 멀리하고 건강에 좋은 불포화 지방산을 챙겨 먹는 것이 건강을 지키는 현명한 어린이의 선택이겠지?

트랜스 지방의 탄생

프랑스 황제 나폴레옹 3세는 어떻게 하면 보관이 편하면서도 병사들에게 충분한 열량을 공급하는 전투 식량을 만들 수 있을지 늘 고민했어. 당시에는 지방의 주요 공급원으로 버터를 주로 사용했는데, 버터는 매우 비쌌기 때문에 전투 식량으로 공급하기에는 부적절했지. 그래서 나폴레옹 3세는 버터 대신 사용할 수 있는 값싼 지방 공급원을 개발하는 사람에게 큰 상금을 내리겠다고 선포했어.

이 제안을 들은 프랑스의 화학자 마주무레가 처음으로 버터 대용품인 '마가린'을 만들게 돼. 곧이어 미국에서도 식물성 지방에 수소를 통과시켜 고체 지방 형태로 만든 '쇼트닝'을 출시하게 되지. 쇼트닝은 출시되자마자 큰 인기를 얻었어. 버터보다 값이 싸고 고체 상태라 음식의 유통기한도 늘릴 수 있을 뿐더러 고소하고 바삭한 것이 그 풍미도 뛰어났기 때문이지.

하지만 이 영광은 오래가지 못했어. 식물성 지방에 수소를 첨가해 고체 지방으로 만드는 과정에서 발생하는 '트랜스 지방'이 우리 몸에 해롭다는 사실이 밝혀졌기 때문이야. 트랜스 지방의 위험성이 서서히 밝혀지면서 전 세계는 트랜스 지방 퇴출을 위해 한목소리를 내고 있어.

결국, 2003년 세계보건기구에서는 트랜스 지방의 섭취량을 하루 총 섭취

열량의 1퍼센트 미만으로 제한한다는 권고안을 내놓았지. 트랜스 지방은 우리 몸에 들어가서 약 50일이 지나도 사라지지 않는대. 이토록 오랫동안 우리 몸에 머물면서 비만과 혈관 장애를 일으킨다고 하니 가능한 섭취하지 않는 게 좋겠지?

역사 속 과학 돋보기 2

세종 대왕도 피해 가지 못한 비만

우리나라 최고의 성군으로 손꼽히는 세종 대왕도 지방의 습격을 피하지는 못했어. 《조선왕조실록》 세종 21년 기록에는 세종 대왕이 소갈병을 앓아서 하루에 마시는 물이 한 동이 이상이었다고 적혀 있어. '소갈병'이라는 병명이 좀 생소하지?

소갈병은 지금으로 따지면 당뇨병과 같아. 소갈병의 주요 증상으로는 물을 많이 마시고, 음식을 많이 먹고, 소변을 많이 보는 것을 들 수 있는데 지금의 당뇨병과 증상이 일치해.

세종 대왕은 특히나 먹는 것을 좋아했고 그중에서도 고기를 좋아하기로 유명했어. 세종 대왕의 식사에는 하루라도 고기 반찬이 빠진 적이 없다고 하는구나. 그런데 백성을 살피고 연구에 매진하느라 운동량은 적었기 때문에 체중 조절에는 어려움을 겪었지. 세종대왕의 몸은 점점 비대해졌고 각종 질병이 생겨 허약해지고 말았어. 붉은 고기에 많은 포화 지방산보다 등 푸른 생선과 각종 견과류에 많은 불포화 지방산을 더 드셨더라면 어땠을까? 아, 물론 채소와 해조류도 빼놓을 수 없고 말이야. 그럼 더 오래 사셔서 우리나라 역사도 달라지지 않았을까 하고 생각하게 되는 건 나 혼자만의 상상은 아니겠지?

"애들아, 오늘 뭐 먹을까? 그저께 여자 축구 경기에서 이 모하나 님이 두 골이나 넣어서 팀을 승리로 이끌었다는 사실, 다들 알고 있지? 그 기념으로 오늘은 내가 살게."

모하나가 양손을 허리에 짚고 어깨를 으쓱거리며 말했다.

"하나야, 그 얘기 한 번만 더 하면 거짓말 좀 보태서 백 번이거든. 알았으니까 이제 자랑 좀 그만해."

백설희가 두 손으로 귀를 막으며 대답했다.

"히히. 난 또 너희가 잊어버렸을까 봐 그러지. 어쨌든 먹고 싶은 걸 골라 보라구."

모하나가 용돈이 든 지갑을 흔들며 말했다.

그런데 들떠 있는 모하나와 달리 심청하가 축 처진 목소리로 말했다.

"하나야……, 난 오늘 안 먹어도 될 것 같아. 마음만 받을게."

"어머, 어머? 청하야, 나만 얻어먹으면 너무 미안하잖아. 간만에 하나가 쏜다는데 같이 먹자, 응?"

하지만 심청하는 힘없이 고개만 저을 뿐이었다.

"정말 괜찮아. 나는 오늘 아무것도 안 먹을래."

침울한 표정의 심청하를 보며 백설희와 모하나는 무슨 영문인지 도통 모르겠다는 표정으로 서로를 쳐다봤다.

세 명의 이야기를 듣고 있던 마기순 점장이 심청하를 향해 말했다.

"청하, 너 혹시 요새 화장실에 잘 못 가고 있는 거 아냐?"

마기순 점장의 질문에 심청하가 화들짝 놀랐다.

"어, 아줌마가 그건 어떻게 아셨어요?"

눈을 동그랗게 뜨고 묻는 심청하에게 마기순 점장이 대수롭지 않은 듯이 대답했다.

"얼굴도 누렇게 뜨고, 자꾸 배를 만지는 게 딱 똥 마려운 강아지 같아서 물어 보는 거야. 혹시 변비가 아닐까 하고."

마기순 점장의 말에 심청하가 더는 대꾸하지 못했다. 그러자 모하나가 나섰다.

"뭐야, 너 변비였어? 그래서 내가 간식 사 준다고 해도 안 먹겠다고 한 거였구나. 윽, 변비라니……. 나도 걸려 봐서 아는데 그거 정말 짜증나."

모하나가 도리질하며 말하자 심청하가 입술에 검지를 대며 조용히 하라는 신호를 보냈다.

"하나야, 좀 조용히 말해. 변비가 무슨 자랑할 일이라고 그렇게 큰소리로 떠들어 대면 어떡해! 나 창피하단 말이야."

얼굴이 붉어진 심청하를 향해 마기순 점장이 한 가지 제안을 했다.

"내가 변비에 좋은 음식을 하나 알고 있는데, 오늘은 그걸 먹어 보는 게 어때?"

마기순 점장의 제안이 끝나기 무섭게 심청하가 되물었다.

"그게 뭔데요? 저 당장 먹을래요!"

"바로 장 속 유익균의 수를 늘려 주는 요구르트가 그 주인공이지."

마기순 점장이 냉장 진열대에서 요구르트를 꺼내 갖다 주며 말했다. 세 아이는 너도나도 질세라 진열대에서 요구르트를 꺼내 와 뚜껑을 따기 시작했다.

"근데요, 요구르트가 장에 좋다는 말을 듣기는 했는데, 유독 변비에 좋은 이유가 있어요?"

백설희가 요구르트 뚜껑을 혀로 핥으며 물었다.

"음……, 이왕에 요구르트를 먹게 되었으니 지금부터 장 속을 한 번 살펴볼까? 아마 오늘의 주제는 장 속에 살고 있는 세균 이야기가 될 것 같구나. 거울아, 거울아! 소장과 대장 안을 보여 주렴."

마기순 점장이 주문하자 황금 거울 안에 구불구불한 모양의 장이 비춰졌다.

"으악! 우리 장 안에 저렇게나 많은 세균이 있다고요?"

여러 종류의 세균이 장 속에 있는 것을 보고 심청하가 깜짝 놀라며 말했다.

"호호, 고작 몇 가지 세균만 보고 놀라긴. 더 놀라운 사실을 알려 줄까? 사람의 장 속에는 무려 38조 개의 세균이 살고 있어. 몸무게가 70킬로그램인 사람의 장 속에 사는 모든 세균을 모아 무게를 재면 약 200그램 정도라고 하니, 너희 몸무게 중 일부는 세균이 차지하고 있는 셈이지."

"38조 개나요?"

백설희가 믿기지 않는다는 듯 목소리를 높였다.

"응. 38조 개 정도. 이 세균들은 비슷한 종류끼리 모여서 활동해. 대식구를 이루며 사는 거지. 이걸 의학 용어로는 '장내 플로라'라고 한단다. 이 수많은 세균을 역할에 따라 '유익균', '유해균', '중간균', 이렇게 세 무리로 나눠. 사람마다 먹는 음식, 체질, 건강 상

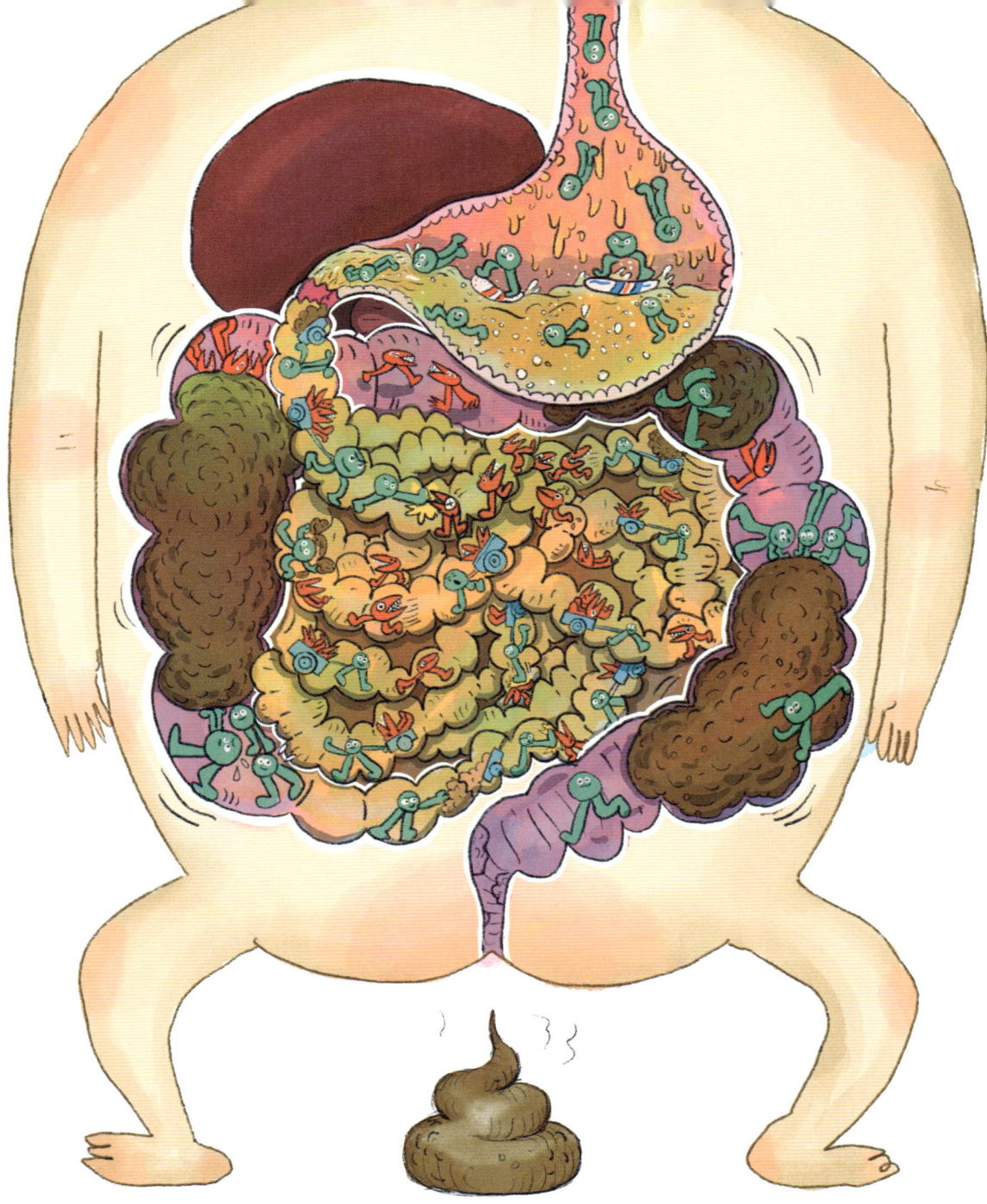

태에 따라 각 세균들의 비율이 모두 제각각이란다."

"그럼, 유익균은 늘리고, 유해균은 모조리 우리 장에서 없애 버려야겠네요. 할 일 없는 중간균도 싹 치워 버리고 말이에요."

모하나가 주먹을 불끈 쥐며 말했다.

"그렇게 생각하기 쉽지만, 천만의 말씀이야. 건강한 장의 황금 비율은 유익균이 20퍼센트, 중간균이 70퍼센트, 유해균 10퍼센트 정도라고 해. 약간의 유해균이 살아서 유익균과 경쟁 관계를 만들어 줘야 유익균도 긴장을 놓치지 않고 더 열심히 일하지 않겠니? 자, 이번에는 유익균과 유해균이 도대체 우리 몸속에서 어떤 일을 하고 있는지를 알려 줄게. 먼저, 유익균! 유익균은 소화 효소로 소화시키지 못하는 식이 섬유를 잘게 분해해서 에너지로 쓸 수 있게 도움을 줘. 이 에너지를 받고 장이 더 열심히 일하면 연동 운동이 활발해져서 변비 따위는 걱정할 필요가 없지. 그리고 비타민 B군과 비타민 K 등을 합성해 주기도 해. 게다가 병을 일으키는 나쁜 세균들이 몸속으로 흡수되지 못하게 우리 몸을 지켜 주지. 한마디로 우리 몸의 전반적인 면역력을 쭉 끌어올려 준다 이 말이야. 유익균으로 가장 유명세를 떨치고 있는 녀석들이 바로 우리가 텔레비전 프로그램이나 광고에서 여러 차례 들어 봤던 비피더스균과 유산균이야."

"아! 그래서 아줌마가 저에게 요구르트를 추천해 주신 거였군요. 요구르트를 먹고 유익균을 보충하라고 말이에요."

심청하가 묻자 마기순 점장이 고개를 끄덕이며 답했다.

"맞아. 요구르트는 우유 성분에 비피더스균, 불가리아균 등 몸에 도움이 되는 유익균들이 더해진 거야. 이렇게 유익균을 늘리는 음식을 잘 챙겨 먹으면 장 속 세균의 비율을 정상적으로 맞춰 변비를 없애 주고 면역력도 높여 주지. 그런데 시판 요구르트 중에는 당분이 너무 많이 포함된 제품이 있으니, 무가당 요구르트나 그릭 요구르트로 골라서 먹는 게 좋아."

"그런데 유해균의 비율이 더 크면 어떻게 되는 거예요?"

모하나가 물었다.

"음……, 유해균이 싸움에서 승리한다는 말은 장 속 세균의 균형이 무너졌다는 말과 같아. 그렇게 되면 면역력이 떨어지면서 여러 질병이나 합병증이 생기기 쉽게 되지. 아토피, 피로감, 변비, 알레르기 반응 등이 생길 수도 있어."

심청하가 눈살을 찌푸렸다.

"자, 그럼 장 속 세균들의 이야기를 들어 봤으니, 오늘의 문제를 풀어 보도록 할까?"

황금 거울 속에 오늘의 문제가 비쳐졌다.

유산균 듬뿍 요구르트를
구입해 주신 고객님, 감사합니다.
요구르트 말고도 장 속 유익균을 늘리는 음식이 있답니다.

**다음 중 유익균을 늘리는 데
도움이 되는 음식은 무엇일까요?**

① 김치 ② 도넛 ③ 이온 음료 ④ 소고기

문제를 본 모하나가 제일 먼저 손을 들어 말했다.

"정답은 ④번, 소고기! 소고기 먹고 유익균들이 힘내서 유해균들을 무찌르는 거죠. 다 덤벼! 이렇게 말이에요."

허공에 주먹 펀치를 날리는 모하나를 백설희가 말리며 말했다.

"정답은 ③번, 이온 음료지. 왜 굳이 '이온'이라는 말을 앞에 붙였겠어? 이온이 뭔가 큰일을 하기 때문 아니겠어? 문제를 풀 때는 출제자의 의도를 먼저 파악하라구."

그때, 심청하가 배를 움켜쥐며 다급하게 말했다.

"배가 살살 아파 오는 게 심상치 않은데요. 요구르트 속 유산균이 벌써 일을 시작한 걸까요? 암튼, 정답은 ①번! 김치는 발효 음식이니까요."

마기순 점장이 심청하를 향해 정답을 외쳤다.

"딩동댕! 정답은 ①번이야. 왜냐하면, 김치는……."

"잠깐! 더 이상 참을 수 없어욧! 이만 실례!"

마기순 점장과 두 아이는 부리나케 화장실로 달려가는 심청하의 뒤만 멍하니 쳐다봤다.

장 속에 사는 다양한 세균들

현대 의학의 아버지라고 불리는 히포크라테스는 "모든 질병은 장에서 시작된다. 건강은 장 속 미생물에 의해 결정된다."라고 말했어. 장 속 미생물이 얼마나 중요하길래 히포크라테스가 이런 말을 남겼을까?

우리가 음식물을 먹게 되면 제일 먼저 위에서 영양소의 소화가 일어나고 그다음은 소장과 대장에서 그 역할을 도맡게 돼. 음식물은 여러 소화 기관을 거치면서 우리 몸 곳곳에 영양소를 공급해 주지. 지구에 많은 동식물이 생태계를 이루면서 균형 있게 살고 있는 것처럼 우리 몸속에도 38조 개에 달하는 세균들이 나름의 생태계를 이루며 살아가고 있어. 대부분의 세균들은 소화 기관에 분포해 살고 있지. 그중 대장은 우리 몸에서 가장 많은 세균들이 살고 있는 곳이야. 대장에 어떤 균들이 살고 있느냐에 따라 그 사람의 건강 상태가 달라진다고 해도 과언이 아니지.

그럼, 우리 몸속에서 살고 있는 세균들을 소개해 볼게.

먼저, '락토바실러스'라는 녀석이야. 장 속 독성 물질을 감소시키고 면역력을 높여 주는 유익균 중의 하나지. 배변 활동을 원활하게 해 주는 역할을 한다고 하니 변비가 있는 친구들은 참고하길 바라. 그리고 '비피도박테리움'이라는 녀석이야. 이 녀석은 아기일수록 많이 가지고 있는 유익균이야. 흔히 비피더스균이라고 하는 종들이 여기에 속해. 또 '프로테오박테리아'라는 녀석은 치명적인 병원균들이 많이 속해 있어 지나치게 많으면 염증을 일으키기도 하는 유해균이야. '피르미쿠테스'라는 녀석은 몸속 당분의 발효를 촉진하고 지방산을 생성해 비만을 유도하는 유해균이야. '웰치균'이라는 녀석도 있어. 우리 몸에 여러 유해 물질을 만들어 식중독을 일으키기도 하지. 유해균의 대표라고 불리기도 하니 조심하도록! '박테리오데스'라는 녀석은 중간균의 일종이야. 단백질의 분해를 도와주는 일을 해.
이 밖에도 우리 몸에는 아주 많은 세균이 있어. 여기서 우리가 꼭 기억해야 할 것은 유익균이 우세할수록 장 속 환경이 쾌적해진다는 점이지.

생활 속 과학 돋보기

똥을 보면 건강 상태를 알 수 있다고?

똥이라고 하면 벌써부터 눈살을 찌푸리는 친구들이 있을지도 모르겠어. 하지만 우리가 싸는 똥을 잘 살펴보면 우리 몸의 건강 상태를 한눈에 알 수 있어. 왜냐고? 똥에는 약 80퍼센트의 수분과 약 10퍼센트의 음식물 찌꺼기 그리고 약 10퍼센트의 장내 세균이 포함되어 있어 우리 몸의 전반적인 상태를 알려 주기 때문이지.

실제로 병원같이 환자를 간호하는 곳에서는 환자의 똥 상태를 기록해 두기도 한단다. 똥의 단단함과 모양을 기준으로 건강 상태를 체크할 수 있는 '브리스톨 대변 척도'가 뒷면에 있으니 참고하면 좋겠어.

가장 건강한 상태의 장 상태를 유지하고 있다면 제일 좋겠지만, 1, 2번 모양처럼 변비가 의심될 때에는 평소 물을 자주 마시는지, 섬유질이 풍부한 과일과 채소를 충분하게 먹고 있는지를 점검해 볼 필요가 있어.

또 6, 7번 모양 같은 설사가 며칠간 지속된다면 증상이 더 심해지기 전에 병원을 찾아가 혹시 음식을 잘못 먹어서 탈이 난 것은 아닌지, 과민성 대장 증후군은 아닌지 확인해 보는 게 좋아.

브리스톨 대변 척도

 1. 토끼 똥 모양의 작고 딱딱한 덩어리가 나오는 경우로 섬유질과 수분이 부족한 상태야. 심한 변비 상태라고 볼 수 있지.

 2. 작고 단단한 똥 덩어리들이 뭉쳐져 있는 형태로 변비 직전의 상태라고 볼 수 있어.

 3. 표면에 금이 가 있는 소시지 모양으로 정상이지만 수분 섭취가 부족해 보여.

 4. 표면이 매끈한 바나나 모양으로 최고의 장 상태라고 볼 수 있어.

 5. 부드러운 똥이 작은 덩어리로 떨어져 있는 상태로 정상이지만 곧 설사를 할 수 있어.

 6. 흐물흐물한 덩어리 형태로 음식이나 약 때문에 탈이 난 상태야.

 7. 조각이 없는 완전한 액체 상태로 배탈이 났거나 감염을 의심해 볼 수 있어.

역사 속 과학 돋보기

메치니코프의 유산균 사랑

메치니코프라는 과학자 이름은 어느 음료 회사의 요구르트 제품 때문에 알고 있는 사람이 많을 거야. 그만큼 '메치니코프'와 '유산균'은 떼려야 뗄 수 없는 관계라고 할 수 있지.

일리야 일리치 메치니코프는 러시아에서 태어난 생물학자야. 그런데 조국 러시아에서는 똑똑하고 잘나가는 메치니코프를 시기하고 질투하는 사람들이 많았대. 그래서 그는 결국 러시아를 떠나 프랑스에 자리를 잡게 되지. 프랑스에는 메치니코프보다 한발 앞서 유산균을 발견한 루이 파스퇴르가 자신의 이름을 내건 연구소를 운영하고 있었는데, 메치니코프를 아주 따뜻하게 맞아 주었어. 훗날 파스퇴르는 메치니코프에게 자신의 후계자 자리인 파스퇴르연구소 소장 자리도 물려주었지.

파스퇴르의 전폭적인 지지에 힘입어 메치니코프는 많은 연구를 했어. 그러던 어느 날, 스위스의 연구진이 불가리아의 장수촌에서 날마다 먹는 음식이라며 '요구르트' 견본을 보내 왔어. 평소 건강과 노화의 원인에 관심이 많았던 메치니코프는 연구원들과 함께 요구르트에 살고 있는 유산균의 일종인 '불가리아 간균'을 발견하게 돼. 1907년 메치니코프는 드디어 〈생명 연장〉이라는 제목의 논문에서 발효 유산균의 섭취가 인간의 수명을 늘려 줄 수 있다고 주장했어. 이 발표로 많은 사람이 유산균에 대해 관심을 갖게 되었지.

메치니코프는 자신의 연구 결과를 직접 실천한 과학자로도 유명해. 오래 살고 싶은 열망이 강했던 만큼 노화의 원인을 찾는 연구에 집중했고, 끈질긴 연구를 통해 장내 유해 세균이 생체 노화와 연관이 있다는 것을 알아냈지. 메치니코프는 장내 유해 세균의 증식을 막기 위해 유산균 음료를 마시라고 주장했어. 그러면 누구나 150세까지 장수할 수 있다고 말이야. 물론 건강에 해로운 술과 담배를 끊는 모범을 보이기도 했고 말이야.

최근 들어 장내 유익균들이 속속들이 발견되고 있는 걸 보면, 그 당시에 벌써 사람의 장을 미생물이 살아가는 하나의 생태계로 바라보았던 메치니코프의 선구안이 참으로 놀라울 따름이야.

"안녕하세요."

마기순 점장은 문을 열고 들어오는 세 아이의 처진 목소리에 깜짝 놀랐다. 평소 쉬지 않고 재잘거리는 것은 물론이거니와 돌고래 저리 가라 할 정도의 하이 톤을 자랑하던 삼총사가 아니었던가. 게다가 오늘은 표정도 심상치 않다.

"어머? 평소답지 않게 젖은 빨래처럼 축 처져서……, 무슨 걱정이라도 생긴 거야?"

마기순 점장의 질문에 세 아이는 동시에 한숨을 푹 하고 내쉬었다. 백설희가 먼저 입을 뗐다.

"저희 다음 주에 수학 단원평가 봐야 해요. 도대체, 왜! 시험이라는 게 있는 거죠? 이해할 수 없어요."

모하나도 말을 보탰다.

"내 말이! 그리고 왜 하필 수학이냐고? 난 수학의 '수'만 들어도 머리가 지끈거려."

마기순 점장은 피식 웃으며 말했다.

"난 또, 무슨 큰일이라도 생겼나 해서 걱정했더니만, 고작 수학 시험 때문이었어?"

평소 어른에게 깍듯하게 예의를 지키는 심청하도 마기순 점장의 말에 발끈한 모양이었다. 작은 주먹을 꼭 쥐고는 마기순 점장을 향해 목소리를 높였다.

"아줌마, 너무해요! 고작 수학 시험 때문이라니요? 저희한테는 진짜 큰 고민이란 말이에요."

심청하의 말에 마기순 점장이 머쓱한 듯 목을 가다듬으며 말했다.

"아니, 내 말은 그런 뜻이 아니고, 너희가 충분히 노력하면 문제없을 것 같은데 벌써부터 이렇게 낙심하고 있으니 안타까워서 하는 말이야. 그래, 기분이다! 오늘은 이 아줌마가 너희를 응원하는 뜻에서 집중력에 도움이 되는 간식을 하나씩 선물할게."

마기순 점장의 말에 세 아이의 눈이 동그래졌다.

"집중력에 도움이 되는 간식이요?"

"그렇대도! 하지만, 너희도 알다시피 집중력을 끌어올린 다음에는 딴짓하지 말고 공부를 해야 효과가 있다는 것! 간식만 먹는다고 마법처럼 수학 성적이 좋아지지는 않는다고."

호기심 가득한 눈으로 모하나가 마기순 점장을 향해 한 발 나아

가며 말했다.

"에휴, 당연하죠. 그러니까 우리의 집중력에 도움이 되는 간식이 있기는 있다, 이거지요? 그게 뭔데요?"

마기순 점장은 목소리를 낮추며 아이들을 자신의 주변으로 불러 모았다.

"일단, 내가 우리 몸의 신경계를 설명해 줄 테니 그게 무슨 간식일지 한번 맞춰 봐."

백설희가 얼굴을 찡그리며 투덜거렸다.

"치……. 난 또! 바로 알려 주셔야죠. 저희는 한시가 급하다고요."

하지만 마기순 점장은 백설희의 투정에 아랑곳하지 않고 팔짱을 끼며 말했다.

"아님 그냥 가든지. 난 너희 생각해서 집중력과 관련된 황금 사과 문제를 마련했는데 싫다 하니 어쩔 수 없구나. 나야 뭐, 손해 볼 것 없으니까."

그러자 심청하가 백설희의 팔뚝을 찰싹 때리며 말했다.

"설희야, 아줌마한테 그렇게 버릇없게 말하면 어떻게 해? 지금 우리가 찬밥 더운밥 가릴 때야?"

심청하의 말에 모하나도 동의하며 말했다.

"그래, 우리가 매일 신나게 놀기만 한 건 사실이잖아. 공부는 뒷

전이었으니 남은 일주일 동안이라도 집중력을 높여 보자고. 우리 셋이 머리를 모으면 무슨 방법이 나올 거야."

세 아이의 대화를 듣던 마기순 점장은 이때다 싶었다.

"그래, 지금부터라도 집중해서 공부하면, 혹시 알아? 수학 성적이 용수철처럼 튀어 오를지?"

여기까지 말을 마친 마기순 점장은 딴청 피우는 척하며 세 아이의 표정을 재빠르게 훑어보았다. 역시나! 세 명 다 용수철처럼 튀어 오를 수학 성적에 마음을 빼앗긴 게 분명했다.

"자, 그럼 오늘의 이야기를 시작해도 될까? 너희가 모두 원하는 집중력의 비밀에 대해서 말이야."

"네, 물론이죠!"

합창이라도 하듯 세 아이가 한 목소리로 답했다.

마기순 점장은 희미한 웃음을 지으며 첫 번째 질문을 던졌다.

"너희는 너희가 원하는 대로 몸을 통제할 수 있니?"

첫 번째 질문을 듣자마자 모하나가 자신 있게 나서며 대답했다.

"에이, 당연한 말씀을! 제가 공부 쪽으로는 소질이 없어도 몸으로 하는 건 다 자신 있다구요!"

"몸에 이상이 있는 경우가 아니라면 우리 몸을 우리가 통제하는 건 당연한 거 아니에요?"

심청하도 모하나의 대답에 동의한다는 듯 말했다.

"그렇단 말이지? 좋아, 그럼 지금부터 심장이 뛰는 속도를 느리게 해 봐. 심장의 움직임을 자유자재로 조절할 수 있다면 오늘 공부는 여기서 접고 바로 너희가 원하는 간식을 눈앞에 대령해 주지."

마기순 점장의 요구에 세 아이는 몇 초간 아무 말도 못했다.

"아니, 아줌마! 심장의 움직임을 우리가 어떻게 제어해요? 심장은 알아서 자동으로 움직이잖아요."

백설희의 말을 듣고 마기순 점장은 고개를 끄덕였다.

"그렇지! 우리 뜻대로 움직여 주는 팔 다리와 달리, 심장이나 소화 기관, 콩팥, 폐 같은 것들은 우리 마음대로 움직임을 조절할 수 없어. 한마디로, 스스로 알아서 조절한다는 말씀!"

"그럼 우리 몸에서 심장을 뛰게 하고, 소화를 시키고, 호흡을 조절하는 그 중요한 일들은 어떻게 자동으로 일어나는 거예요?"

모하나가 물었다.

"아주 좋은 질문이야. 바로 오늘 이야기의 핵심이기도 하지. 자, 거울아, 거울아! 우리 몸의 자율 신경계를 보여 주렴."

마기순 점장이 주문을 외자 황금 거울에는 뇌의 시상하부와 뇌 아랫부분에 있는 뇌줄기, 그리고 척추를 따라 밑으로 길게 늘어져 있는 척수의 모습이 비춰졌다.

　"우리가 생각하고 판단하는 이성적인 일들은 주로 대뇌가 맡고 있어. 하지만 숨을 쉬고 심장을 계속 뛰게 하면서 소화를 시켜 주는 일까지 대뇌 혼자 날마다 처리하려면 얼마나 힘들겠니? 그래서 뇌에 있는 시상하부라는 샘과 뇌줄기, 그리고 우리 척추 속에 있는 척수가 온몸의 각 부위에 있는 신경을 총괄하며 생명을 유지하는 가장 기본적인 일들을 도맡아 처리해 주고 있단다."

"그런데, 자율 신경계랑 우리 수학 시험 성적이랑 무슨 상관이 있다는 거예요?"

백설희가 뾰로통한 표정으로 물었다.

"성격도 급하긴. 아직 자율 신경계에 대한 설명은 끝나지 않았어. 자, 두 번째 그림을 볼까?"

마기순 점장의 말이 끝나기가 무섭게 황금 거울 속에는 새로운 그림이 비춰졌다.

"우리 몸의 자율 신경계는 크게 두 부분으로 나뉘어. 교감 신경과 부교감 신경이 그 주인공이지. 그런데 이 둘이 하는 일이 정반대야. 먼저 교감 신경은 주로 우리 몸이 긴급 상황이라고 여길 때 작동해. 눈동자가 커지거나, 심장 박동이 빨라지거나, 호흡이 가빠지지. 반대로 부교감 신경은 우리가 편안할 때의 몸 상태를 생각하면 돼. 심장이 천천히 뛰고, 소화도 잘 되면서 체온을 일정하게 유지해 주는 일을 하지. 음……, 더 알기 쉽게 말하자면 교감 신경은 자동차를 빠르게 나가게 하는 가속기 같은 역할을 하고, 부교감 신경은 안정과 쉼을 위한 제동기 역할을 한다고 정리할 수 있겠구나."

마기순 점장의 설명이 끝나자 심청하가 물었다.

"그럼 공부를 해야 하거나 시험을 앞둔 저희 같은 상황에서는 교감 신경이 활동해 주는 게 좀 더 낫겠네요? 정신을 딱 차리고 집중해서 공부해야 하니까요."

심청하의 질문에 마기순 점장이 무릎을 탁 치며 말했다.

"바로 그거야! 지금이야말로 교감 신경이 나설 차례지. 교감 신경을 활성화시키는 물질 중에 대표적인 것으로 '카페인'이 있어. 카페인이 포함된 간식을 적당량 먹으면 집중력 향상에 도움을 받을 수 있지. 하지만 절대 많이 먹으면 안 돼! 교감 신경이 너무 자극되면 가슴이 두근거리거나 속이 메스꺼워지고 밤에 잠이 오지 않는 부작용이 생길 수도 있거든."

"오호라! 그럼 오늘의 간식은 교감 신경을 활성화시켜 주는 간식이라는 거죠? 하지만 아주 적절한 양만 먹어야 하는 달콤한 유혹의 무언가 말이에요."

모하나가 말했다.

"핵심을 정확하게 간파했군. 그럼 더는 지체할 필요가 없겠어. 거울아, 거울아! 오늘의 문제를 내 주렴."

황금 거울에 오늘의 문제가 떴다.

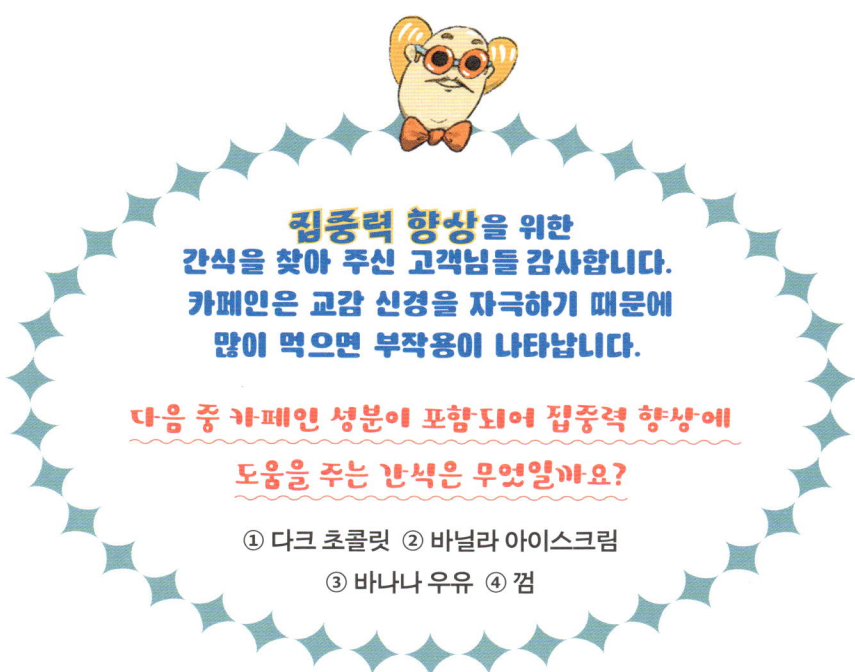

집중력 향상을 위한
간식을 찾아 주신 고객님들 감사합니다.
카페인은 교감 신경을 자극하기 때문에
많이 먹으면 부작용이 나타납니다.

다음 중 카페인 성분이 포함되어 집중력 향상에
도움을 주는 간식은 무엇일까요?

① 다크 초콜릿 ② 바닐라 아이스크림
③ 바나나 우유 ④ 껌

문제를 보자마자 백설희가 손을 들어 외쳤다.

"정답! 껌이요. 아빠가 주말마다 야구를 보는데, 야구 선수들이 타석에 설 때마다 껌을 질겅질겅 씹더라고요. 왜 그러겠어요? 집중 딱 해서 공을 딱 치려고 그러는 거 아니겠어요?"

백설희의 대답에 마기순 점장이 고개를 저으며 대답했다.

"그럴 듯했는데, 껌에는 카페인이 들어 있지 않아. 땡!"

이에 질세라 모하나가 답했다.

"저요, 저요! 정답은 바닐라 아이스크림이에요. 제가 축구 경기 하기 전에 꼭 아이스크림을 먹거든요. 그럼 얼마나 기분이 좋은지 몰라요. 기분이 좋으면 당연히 집중력도 좋아지겠죠. 교감 신경이 뭐 별건가요? 기분이 좋으면 교감 신경도 좋아하겠죠."

"땡!"

마지막으로 심청하가 손을 들어 정답을 외쳤다.

"정답! 바나나 우유요. 이건 제가 직접 경험해 봐서 알아요. 엄마랑 목욕탕에 가면 꼭 바나나 우유를 사 먹거든요. 그럼 노곤했던 몸에 기운이 싹 돌면서 정신이 또렷해져요. 목욕탕에서 바나나 우유를 그렇게 많이 파는 이유가 뭐겠어요?"

마기순 점장은 세 명의 답을 모두 듣고 자포자기한 심정으로 '땡'을 외쳤다.

"에휴, 오늘이면 황금 사과의 주인공이 나올 줄 알았는데, 기대를 한 내 잘못이지. 정답은 ①번 다크 초콜릿이야."

마기순 점장의 정답을 듣고 세 아이는 황당한 표정으로 서로를 쳐다봤다. 그런 아이들에게 마기순 점장은 언제 가져왔는지 오늘의 정답인 다크 초콜릿 세 조각을 각각 아이들에게 나눠 주었다.

"에게? 아줌마, 이걸로는 간에 기별도 안 간다구요. 조금 더 주세요."

모하나가 초콜릿을 우물거리며 말하자 백설희가 고개를 저으며 말을 보탰다.

"아니, 이거 말고 밀크 초콜릿으로 주시면 안 돼요? 다크 초콜릿은 너무 써요. 초콜릿은 자고로 달아야 제맛이라고요."

하지만 마기순 점장은 단호하게 고개를 저으며 말했다.

"잘 들어. 일단, 어린이들은 초콜릿을 적당량 먹어야 해. 집중력에 도움이 되는 간식이라고는 하지만 너무 많이 먹으면 어린이들이 섭취해야 하는 카페인 권장량 최대치를 넘어설 수 있으니 주의해야 한다고. 게다가 수학 성적을 올리기 위해서는 '초콜릿 조금에 공부 많이'가 당연한 거 아니겠어? 또 하나, 뇌에 도움이 되는 성분은 다크 초콜릿에 많이 함유되어 있어. 밀크 초콜릿은 달콤한 맛이 강한 만큼 설탕과 지방이 많다고."

세 아이는 마기순 점장의 당연하지만 뭔가 아쉬운 잔소리를 들으며 입안의 다크 초콜릿을 최대한 오래오래 녹여 먹어야 했다.

교감 신경과 부교감 신경이 하는 일

우리가 건강하게 살아가기 위해서는 밤낮으로 심장이 뛰어야 하고, 음식물을 소화시켜야 하며, 숨도 쉬어야 해. 우리 몸에서 이런 활동이 잘 되도록 중요한 역할을 하고 있는 것이 바로 자율 신경계야.

우리가 어떤 상황에 있든지 간에, 대뇌의 명령 없이도 우리 몸의 생명 활동이 자율적으로 작동되는 시스템이 있다는 건 정말 놀라운 일이야. 자율 신경계가 담당하는 신체 기능에는 호흡과 체온, 위장의 운동, 수면, 땀의 분비, 눈동자의 움직임, 혈관의 수축과 팽창 등 다양한 것들이 있어. 이러한 자율 신경은 교감 신경과 부교감 신경으로 이루어져 있고, 둘은 서로 다른 임무를 수행하면서 우리 몸의 균형을 잡아 주고 있지.

먼저 교감 신경은 우리가 긴급한 상황에 놓여 있을 때 작동해. 만약 어두운 거리를 걷고 있는데 누군가의 발소리가 뒤에서 들려오는 상황이라고 가정해 보자. 우리의 심장은 두근거리면서 거세게 뛸 거고 호흡은 빨라지게 될 거야. 또 근육에는 힘이 들어가서 민첩하게 행동할 준비를 하게 되지.

반면, 부교감 신경은 교감 신경과 반대되는 일을 해. 우리가 주말에 낮잠을 자려고 침대에 누워 있는 상황이라면 어떨까? 심장 박동은 평소처럼 정상적으로 뛰고 있을 테고, 호흡은 깊고 느리면서 소화도 천천히 잘 되고 있을 거야. 하지만 부교감 신경이 너무 과하게 활성화되면 편한 것이 지나쳐 졸린 상태처럼 멍해지고 집중력이 낮아지기도 해. 그래서 교감 신경과 부교감 신경은 서로 균형을 이루면서 상황에 맞게 그 역할을 충실하게 수행하고 있지.

그런데 요즘 현대인들은 스트레스를 많이 받아서 자율 신경 기능 이상을 호소하는 경우가 꽤 많다고 하는구나. 교감 신경이 과도하게 항진되어 심장 박동이 빨라지거나 소화가 잘 안 되고, 밤에 잠을 못 자기도 한대. 자율 신경 기능 이상을 바로잡을 수 있는 좋은 생활 습관으로는 꾸준히 운동하며 체력을 기르기, 카페인 섭취 줄이기, 하루에 7시간 이상 충분히 자기, 자기 전에는 스마트폰 사용을 자제하기 등의 방법이 권장되고 있어.

생활 속 과학 돋보기

아니, 여기에도 카페인이?

우리가 먹고 마시는 음식에는 다양한 성분들이 포함되어 있어. 그중 '카페인'이라는 성분은 우리 몸의 교감 신경을 자극해 계속 깨어 있게 하면서 긴장 상태를 유지하도록 하지. 적당히 먹으면 집중력을 향상시키는 데 도움을 줄 수 있지만 너무 많이 섭취하면 심장이 너무 빨리 뛰거나 정신이 예민해지고 밤에 잠을 못 자는 불면증을 유발하기도 해.

우리 일상생활에서 볼 수 있는 카페인 함유 음식들은 뭐가 있을까? 생각보다 다양하니 놀라지 말라구.

일단, 너희가 흔히 먹는 간식 중에서는 초콜릿과 콜라가 있어. 그리고 어른들이 즐겨 마시는 커피와 홍차, 그리고 에너지 드링크에도 카페인이 다량 포함되어 있지. 그뿐만이 아니야. 우리 몸이 아플 때 고통을 줄이기 위해 먹는 진통제에도 카페인 성분이 들어 있어.

카페인 성분은 뇌의 활동을 빠르게 하고 신경의 전달 속도를 더 높여 주면서 졸린 느낌을 없애 주지. 하지만 많이 섭취하면 두통, 불면, 짜증, 빠른 심장 박동, 근육 떨림 같은 부작용이 생길 수 있으니 자라나는 어린이는 특히나 섭취에 유의해야 해.

자율 신경계와 거짓말 탐지기

거짓말 탐지기가 자율 신경의 작동 원리를 이용하여 만들어진 도구라는 걸 알고 있니? 거짓말 탐지기는 범죄 해결에 큰 도움을 주고 있어. 경찰은 거짓말 탐지기를 활용해 용의자의 자율 신경 변화를 살펴봐. 자율 신경계는 대뇌의 지배를 받지 않기 때문에 아무리 범죄자가 거짓말로 경찰을 속이려고 해도 그 생각이 도무지 통할 수 없다는 거지.

경찰은 범인을 찾기 위해 "당신의 이름은 무엇입니까?", "나이는 몇 살입니까?", "가족 관계는 어떻게 되지요?" 같은 평이한 질문을 던지다가 갑자기 범죄와 관련된 질문을 불쑥 던져. 그러면 범죄자는 아무리 냉정하게 아닌 척하려고 해도 실제로는 깜짝 놀라면서 우물쭈물하게 되지. 즉, 대뇌가 아닌 자율 신경계가 반응하는 거야.

용의자의 자율 신경계는 그 질문 자체를 위협으로 느끼고 자신도 모르게 긴장하면서 교감 신경을 작동시키는 거지. 그리고 이러한 자율 신경계의 변화는 거짓말 탐지기에 고스란히 반영되어 재판 과정에서 참조할 수 있는 자료로 활용되기도 하는 거야.

달콤 쌉싸름한 초콜릿의 매력

초콜릿이 지금처럼 달콤해지기까지는 아주 오랜 세월이 걸렸어. 초콜릿은 카카오나무 열매에서 얻어지는데, 카카오 열매 자체는 아주 쓰고 떫기로 유명해. 과거 멕시코 지역에 살고 있던 마야족과 아즈텍족은 카카오를 '신들의 음식'이라며 아주 신성하게 여겼다고 해. 그도 그럴 것이, 카카오를 갈아서 물에 타서 마시면 기운이 솟고 정신도 명료해지는 효과가 있었거든. 이들에게 카카오는 지혜와 힘의 원천이었대.

이렇게 쓰디쓴 초콜릿 세계에 일대 변혁이 일어나게 되는데, 네덜란드의 콘라드 반 후텐이라는 사람이 카카오에서 '코코아 버터'라는 지방 성분을 추출하는 기계를 발명하면서부터야. 영국에서는 이 기술을 응용해 코코아 버터에 코코아 가루와 설탕을 넣고 끓인 액체를 코팅한 최초의 초콜릿 바를 생산했어. 스위스에서는 분말 우유에 초콜릿을 섞어 부드러운 밀크 초콜릿을 만들기도 했고 말이야. 분말 우유와 초콜릿의 조합은 지금도 큰 인기를 얻고 있지. 요즘은 소금, 과일, 견과류 등과 조합한 초콜릿도 나오고 있고, 어떤 디저트에든 초콜릿은 빠지지 않을 정도로 활약이 대단해.

　시계가 오후 3시를 가리키고 있었다. 곧 있으면 학교를 마친 세 아이가 편의점에 들이닥칠 시간이다. 진하게 내린 원두커피와 달콤한 치즈 케이크 한 조각. 간만에 누리는 혼자만의 시간이지만 마기순 점장은 그마저 여유롭게 즐기지 못하고 있다. 오늘쯤에는 황금 사과의 주인공이 결정되어 누가 되었든 저 사과를 크게 한 입 베어 먹고도 아무렇지 않다는 걸 만천하에 증명해 줬으면 하는데, 마기순 점장의 억울한 누명을 벗겨 주기에 백설희, 모하나, 심청하 이 세 아이는 다소 모자란……, 아, 아니, 어쩌면 과분한 아이들일지도 모른다. 마기순 점장은 생각에 생각을 거듭하며 포크로 치즈 케이크를 떠서 한입에 털어 넣었다.

　"역시 고민이 많을 땐 달달이가 최고야. 아무렴!"

　잠시 풀리지 않는 고민거리에서 벗어나 치즈 케이크의 달콤함에 허우적거리고 있던 마기순 점장의 눈에 참새처럼 재잘거리며 편의점을 향해 걸어오고 있는 세 아이의 모습이 들어왔다.

　입가에 묻은 케이크 조각을 손으로 털어 내며 마기순 점장은 오늘의 각오를 다졌다.

'그래! 오늘만큼은 무슨 일이 있더라고 황금 사과의 주인공을 가려내야 해!'

그런 마기순 점장의 마음을 알 리 없는 세 아이는 언제나 그렇듯 왁자지껄하게 등장했다.

"아직도 배가 빵빵한데? 오늘 급식으로 나온 돈가스 진짜 맛있었지? 나 세 덩이나 먹었지롱! 게다가 후식으로 같이 나온 아이스 망고는 또 어떻고? 진짜 우리 학교 급식은 최고라니까!"

백설희가 엄지손가락을 치켜들며 말했다.

"야, 백설희, 너는 맨날 아이돌 한다고 다이어트 노래를 부르더니 세 덩이가 뭐냐? 나처럼 두 덩이로 만족했어야지. 하지만 아이스 망고는 나도 인정. 너무 맛있어서 나도 두 번 받으러 갔지."

모하나가 웃으며 대꾸했다.

"하나야, 두 덩이도 너무 많은 거 아니니? 한 덩이가 얼마나 큰데! 그리고 아이스 망고도 한 개면 충분하지. 우리 학교 끝나면 항상 편의점에 들러서 간식 사 먹는 거 잊었어? 어린이 비만의 가장 큰 원인이 바로 지나친 열량 섭취래."

심청하의 잔소리에 백설희가 어이없다는 듯 손사래를 치며 말했다.

"어머, 어머, 청하야, 넌 다 좋은데 너무 걱정이 많은 게 탈이야. 이런 말도 못 들어 봤어? 먹고 죽은 귀신이 때깔도 좋다! 이건 내가 만든 말이 아니라 예부터 우리 조상님들이 하신 말씀이라고. 아, 또 이런 말도 있지. 맛있게 먹으면 영 칼로리!"

백설희의 말에 심청하는 동의할 수 없다는 듯 고개를 도리질했다.

아이들의 말을 잠자코 듣고 있던 마기순 점장은 오늘도 황금 사과 주인공의 탄생은 물 건너갔다는 생각이 들었다. 저렇게나 점심을 많이 먹고 왔는데 간식을 사 먹을 리 없지 않은가. 마기순 점장이 맥 빠진 목소리로 아이들에게 물었다.

"너희……, 그렇게나 점심을 많이 먹었으니 오늘은 간식 먹기 힘들겠구나. 에휴, 오늘도 저 황금 사과의 주인은……."

마기순 점장의 말이 끝나기도 전에 백설희가 두 눈을 부릅뜨며 말했다.

"아니, 저희를 너무 과소평가하시는 거 아니에요? 지금까지 제가 한 말을 어디로 들으셨나 몰라? 아줌마는 '밥 배 따로, 디저트 배 따로'라는 말도 모르세요? 점심에 먹은 건 밥이고, 지금 우리가 고를 건 디저트라구욧."

모하나도 말을 보탰다.

"맞아요. 저희는 아무리 배가 불러도 디저트는 꼭 챙겨 먹는다구요."

마기순 점장은 간식을 먹겠다는 아이들의 강력한 의지에 혀를 내두르며 말했다.

"그래, 너희의 그 크고도 대단한 위를 과소평가해서 상당히 미안하구나. 위대한 어린이들, 그래서 오늘은 무슨 간식을 고를 예정이셔?"

"디저트는 뭐니 뭐니 해도 달달한 케이크죠. 보아하니 아줌마도 치즈 케이크 하나로 만족하지 못해 하나 더 드시려고 하는 것 같은데요?"

날카로운 심청하의 눈썰미에 마기순 점장은 갑자기 헛기침을 해대며 재빨리 계산대에 흩어져 있던 치즈 케이크 포장지를 주섬주섬 치웠다.

"흠흠, 뭐, 나도 케이크를 좋아하니까 말이야. 저기 가면 요새 신상으로 나온 쫄깃 달콤 딸기잼 미니 롤케이크라고 있어. 먹어 보니까 부드럽고 쫀득한 게 괜찮더라구. '점장 픽'이야."

세 아이는 키득거리며 진열대에 있는 미니 롤케이크를 하나씩 집어 와서 계산대 위에 얹어 놓았다.

"그럼 오늘의 문제는 우리가 좋아하는 케이크 문제인가요?"

씽긋 웃으며 백설희가 물었다.

"좋아! 그럼 오늘은 점심을 배부르게 먹고도 디저트를 찾는 너희에게 딱 맞는 '위'에 대한 문제를 내 주지. 거울아, 거울아! 위 사진을 보여 주렴."

황금 거울에는 어른 주먹만한 크기의 위와 위 근육을 확대한 모습이 비춰졌다.

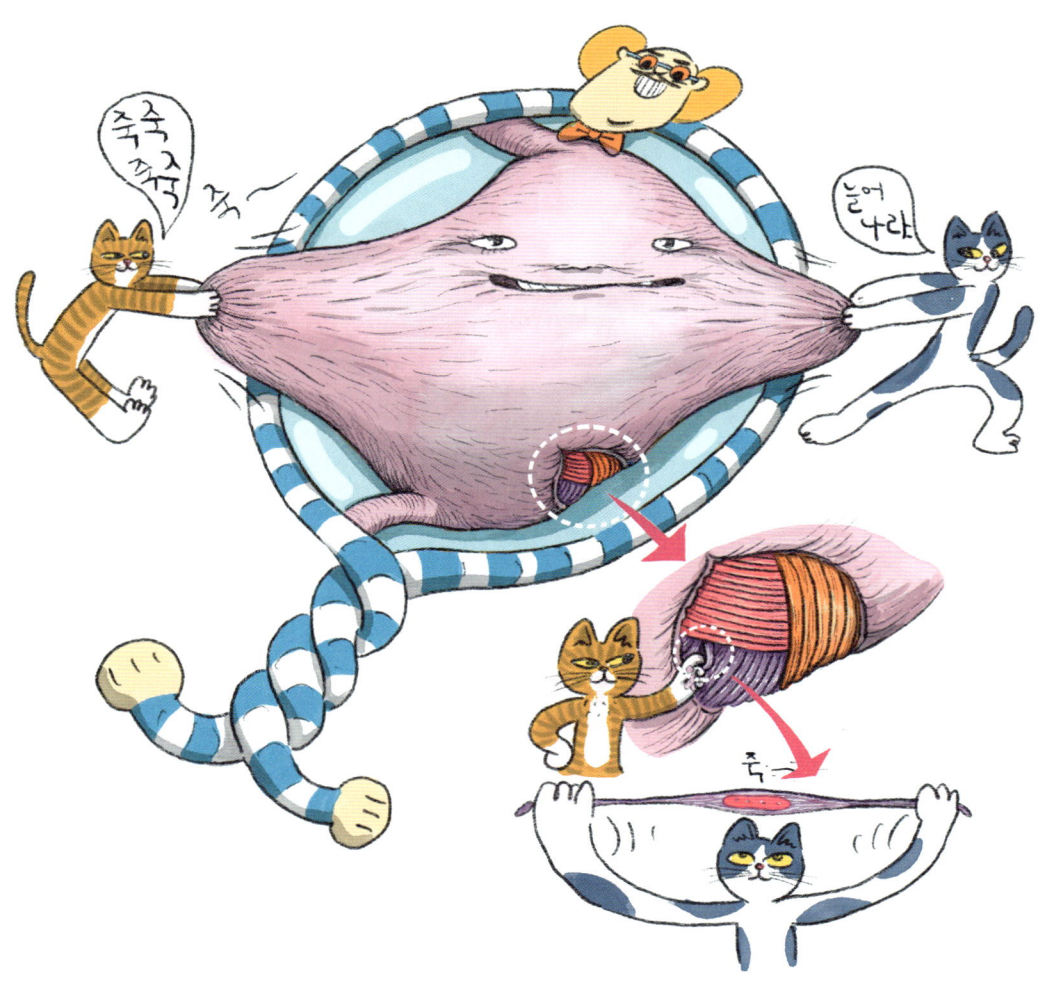

"자, 지금 너희가 보고 있는 게 바로 우리 몸속의 '위'야. 음식이 입을 거쳐서 식도를 타고 내려가다 가장 먼저 만나는 소화 기관이지. 저 위벽을 확대해 보면 저렇게 길쭉하고 양쪽 끝으로 갈수록 점점 얇아지는 민무늬 근육 세포로 이루어졌다는 걸 확인할 수 있어."

마기순 점장의 설명을 듣고 백설희가 손을 들며 물었다.

"그런데, 저는 오늘 돈가스를 세 덩이나 먹었는데, 돈가스에 밥에 반찬까지, 그 많은 음식이 어떻게 저 주먹만 한 위 속에 다 들어갈 수 있었을까요?"

백설희의 질문에 마기순 점장이 고개를 끄덕이며 말했다.

"빙고! 바로 그게 오늘 내가 말하려는 위의 비밀이야. 위를 구성하고 있는 저 민무늬 근육 세포들은 서로 느슨하게 이어져 있기 때문에 모든 방향으로 늘어나고 줄어들 수 있어. 마치 고무풍선처럼 말이야."

이번에는 심청하가 고개를 갸우뚱거리며 물었다.

"그럼, 위는 얼마나 늘어날 수 있는데요?"

마기순 점장은 황금 거울에 두 번째 화면을 띄웠다.

"저 그림을 보면 쉽게 이해할 수 있을 거야. 우리 위는 음식이 들어가기 전에는 야구공 크기로 용량은 100밀리리터 정도야. 그런데 밥을 먹고 나서는 최대 열다섯 배인 1500밀리리터까지 늘어날 수 있어. 위는 그 많은 음식을 일시적으로 저장해 두었다가 죽의 형태로 만들어 조금씩 소장으로 흘려 보내지."

세 아이는 위가 열다섯 배나 커진다는 말에 놀란 입을 다물지 못했다.

식사 전: 야구공 크기, 100밀리리터 정도   식사 후: 페트병 크기, 1500밀리리터 정도

"저렇게 늘어나다가 풍선처럼 터져버리면 어떡해요?"

백설희가 자신의 배를 만지며 걱정스럽게 물었다.

"음……. 위가 터지지는 않겠지만, 그래도 너무 많은 음식을 한꺼번에 먹으면 건강에 좋을 건 없겠지? 사실, 어느 정도 음식을 먹어서 배가 차면 뇌의 시상하부에서는 '이제 충분히 먹었으니 그만 먹어.'라는 신호를 보내. 그때 우리는 수저를 내려놓게 되고 말이야. 하지만 포만감보다 더 강력한 것이 있으니, 그게 바로 식욕이야. 아무리 배가 불러도 눈앞에 놓인 달콤한 디저트를 보게 되면 '오렉신'이라는 호르몬이 분비되어 위 속에 음식이 더 들어갈 수 있는 틈을 만들어 내지."

"그, 그럼……, 밥 배와 디저트 배 따로 있다는 건 사실, 식욕이 억지로 위의 공간을 만들어 내도록 하는 거였네요?"

모하나가 미간을 잔뜩 찡그린 채 말했다.

"그런 셈이지. 그래서 예부터 건강을 지키고 오래 살려면 '규칙적으로 적당량 식사를 하라.'는 지당한 말씀이 전해 내려오고 있잖니? 위를 혹사시키지 않기 위해서 말이야."

롤케이크로 바삐 움직이던 세 아이의 손은 어느새 멈춰 있었다. 지금이야말로 문제를 낼 절호의 타이밍이라고 생각한 마기순 점장은 바로 황금 거울에 문제를 주문했다.

"거울아, 거울아! 지금도 열심히 일하고 있는 우리의 위에 대한 황금 사과 문제를 내 주렴!"

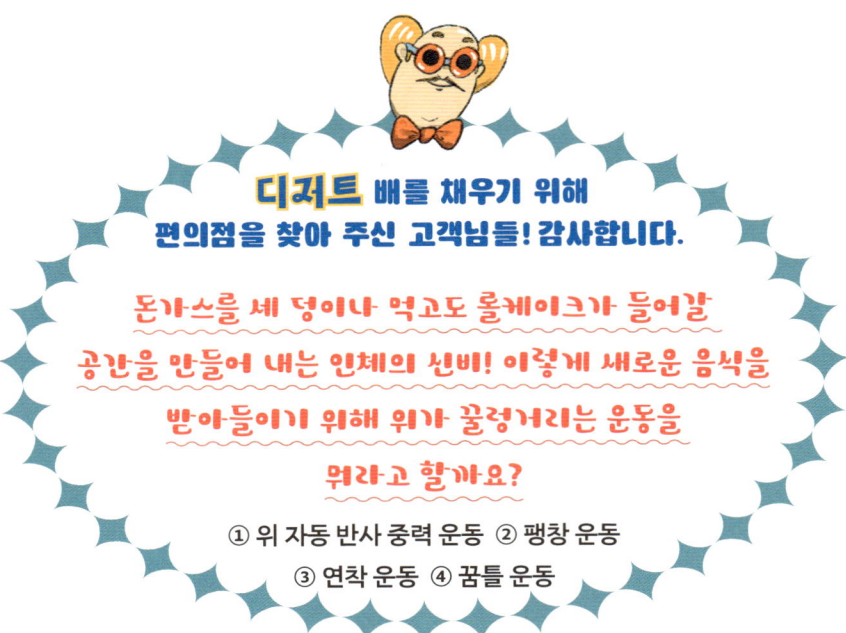

디저트 배를 채우기 위해 편의점을 찾아 주신 고객님들! 감사합니다.

돈가스를 세 덩이나 먹고도 롤케이크가 들어갈 공간을 만들어 내는 인체의 신비! 이렇게 새로운 음식을 받아들이기 위해 위가 꿀렁거리는 운동을 뭐라고 할까요?

① 위 자동 반사 중력 운동 ② 팽창 운동
③ 연착 운동 ④ 꿈틀 운동

문제를 다 듣자마자 모하나가 번쩍 손을 들어 정답을 외쳤다.

"정답! ①번, 객관식에서 답을 모를 때, 내가 쓰는 방법이 있지. 바로 '가장 긴 보기를 골라라!' 그리고 딱 봐도 뭔가 전문적인 느낌이 나지 않아? 정답은 보나 마나 ①번이야."

심청하도 이에 질세라 정답을 외쳤다.

"아니야, 가장 단순한 게 정답일 확률이 높다구! 위가 늘어나는 거니까 당연히 팽창 운동이 정답 아니겠어? 정답은 ②번 팽창 운동이야."

마지막으로 백설희가 의미심장한 웃음을 띠며 말했다.

"이로서 오늘의 황금 사과 주인공은 나, 백설희가 되는 건가? 미안하지만 정답은 ④번이야. 아까부터 내 위가 꿈틀꿈틀거리는 게 디저트가 들어갈 공간을 만들어 내는 게 느껴지더라니까?"

백설희의 말을 듣고 모하나와 심청하가 어이없다는 듯 고개를 가로저었다.

"나 참, 꿈틀 운동이 뭐냐? 과학자들이 설마 꿈틀 운동이라고 이름을 지었겠어? 뭔가 있어 보이는 단어를 썼겠지."

하지만 마기순 점장이 외친 정답은 모하나와 심청하의 예상을 빗나갔다.

"정답은 ④번, 꿈틀 운동이야. 다른 말로는 '연동 운동'이라고 하

지. 백설희, 제법인데?"

어이없어 하는 모하나와 심청하를 보며 백설희는 약을 올리기라도 하듯 한쪽 눈을 찡긋거렸다.

마기순 점장은 그런 백설희를 보며 속으로 쾌재를 불렀다.

'그래, 오늘 이 순간만을 기다렸어! 황금 사과의 주인공인 백설희에게 저 사과를 먹이기만 하면……!'

마기순 점장은 계산대 위 선반에 고이 모셔 두었던 황금 사과를 꺼냈다.

"축하한다, 백설희! 이로써 네가 황금 사과의 주인공이 되었어. 이 사과를 먹고 네가 원하는 아름다움과 건강과 명성을 얻길 바란다. 어서 이 황금 사과를 먹어 보렴."

마기순 점장에게 황금 사과를 건네받는 백설희의 얼굴이 발갛게 상기되었다. 백설희는 감격에 찬 눈으로 마기순 점장을 바라보았다. 마기순 점장이 어서 맛보라고 눈짓을 하자 백설희가 고개를 끄덕였다. 심청하와 모하나는 아깝게 놓쳐 버린 황금 사과에서 눈을 떼지 못하고 있었다. 백설희가 입을 크게 벌려 황금 사과를 한 입 베어 물려는 순간, 갑자기 편의점 문이 벌컥 열리면서 "멈춰!"라는 다급한 외침이 들려 왔다.

세 아이와 마기순 점장이 문 쪽으로 고개를 돌렸다. 문 앞에는 멀리서부터 달려왔는지 거친 숨을 몰아쉬는 긴 생머리 소녀가 서 있었다. 소녀와 마기순 점장 사이에 잠시 동안 정적이 흘렀고, 소녀의 정체를 파악한 마기순 점장은 놀란 표정으로 그 자리에 얼어붙고 말았다.

현재 스코어

백설희	모하나	심청하
O	X	X
X	X	X
X	X	O
X	O	X
O	X	X
X	X	X

내 맘대로 움직일 수 없는 위 근육

사람의 몸을 이루는 가장 작은 단위를 '세포'라고 하는 건 익히 들어 알고 있을 거야. 세포들은 비슷한 일을 하는 무리끼리 모여 집단을 이루는데, 그 단위를 '조직'이라고 해. 우리 몸을 구성하고 있는 조직은 크게 네 가지로 구분할 수 있는데, 상피 조직, 결합 조직, 신경 조직, 근육 조직이야.

상피 조직은 몸의 표면이나 내장 기관을 덮고 있는 조직을 말해. 결합 조직은 조직 사이나 기관 사이를 연결하는 조직을 말하지. 신경 조직은 자극을 전달하는 뉴런이 모인 조직이야. 마지막으로 근육 조직은 몸의 근육이나 내장 기관을 구성하는 조직이야. 근육 조직은 사람 체중의 약 40퍼센트를 차지할 만큼 비중이 커. 근육에는 우리가 의지대로 움직일 수 있는 수의근과 의지대로 움직일 수 없는 불수의근이 있어. 지금 팔을 굽히고 펴 볼래? 마음대로 움직일 수 있지? 이런 근육을 수의근이라고 해. 하지만 위, 대장, 소장 같은 내장 기관을 움직이는 근육들은 내 의지대로 조절할 수 없어. 이런 것들을 불수의근이라고 해. 만약 내가 피곤하다고 심장 박동이나 위 운동을 쉬게 하면 어떻게 될까? 상상만 해도 너무 무서운 일이야. 그러니까 위는 대뇌가 명령하지 않아도 생명 유지를 위해 지금 이 순간에도 쉬지 않고 일하고 있지. 내 마음대로 움직일 수 없다고 실망할 게 아니라 알아서 움직여 주는 위 근육에 오히려 감사해야 해.

위의 꿈틀 운동

우리가 먹은 음식은 위로 들어가면 어떻게 소화가 되는 걸까? 먼저, 소화에는 기계적 소화와 화학적 소화가 있어. 기계적 소화는 음식물의 크기가 잘게 쪼개지는 걸 말해. 세포에 흡수되기 쉬운 용액이나 죽 같은 상태가 되는 거지. 화학적 소화는 각 소화 기관에서 분비되는 소화액의 작용으로 영양소가 또 다른 형태로 분해되는 걸 말해.

위에서는 이 두 가지의 소화가 모두 일어나. 이러한 소화 과정을 도와주는 위의 움직임이 바로 '혼합 운동'과 '꿈틀 운동'이야. 위를 이루고 있는 근육들이 가로, 세로, 사선 방향으로 각자 수축하면서 위에 들어온 음식들을 골고루 섞는 거지. 물론 위에서 분비되는 소화 효소인 위액과 함께 말이야. 약 세 시간 정도 음식물이 위액과 충분히 섞이고 나면 그 다음 목적지인 십이지장으로 이동해. 그때는 근육이 연속적으로 수축하면서 음식물을 한 방향으로 몰아서 보내 주지. 이걸 꿈틀 운동이라고 해.

사실, 꿈틀 운동은 위에서만 일어나는 운동은 아니야. 식도, 창자 등 관 형태의 소화 기관에서도 일어나는 운동이지. 꿈틀 운동 덕분에 물구나무서기를 한 상태에서도 음식을 먹을 수 있다고 하니 인체의 신비는 정말 놀라워.

생활 속 과학 돋보기

먹방 유튜버의 위는 보통 사람보다 클까?

혹시 '먹방'이란 걸 본 적 있니? 체격도 크지 않은 사람들이 보통 사람의 몇 배를 먹어 치우는 것을 보면 '저 사람의 위는 도대체 얼마나 클까?' 하는 궁금증이 일기도 해.

그런데 말이야, 한 번에 짜장면 열 그릇 이상, 라면 열 봉지 이상을 거뜬히 먹어 치우는 '먹방러'들의 위가 보통 사람의 위 크기와 그리 큰 차이가 없다는 놀라운 사실! 다만, 그 사람들의 위벽은 유난히 튼튼해서 많은 음식이 들어가도 음식을 소화시키는 데 지장이 없다거나, 위 내벽에 주름이 많이 잡혀 있어서 위가 늘어날 수 있는 가능성이 더 크다거나, 위의 꿈틀 운동이 더 활발하게 일어나서 다른 사람들보다 음식물이 장으로 더 빨리 이동할 수는 있대. 결과적으로 화장실에 빨리 가서 뱃속을 시원하게 비우고 올 수 있다는 거지. 그럼 그 빈 속을 다시 음식으로 채우기에 유리하지 않겠어?

그밖에도 뇌 시상하부의 포만 중추에 이상이 생겨 그만 먹어야 한다는 신호가 위에서 뇌로 잘 전달되지 않을 수도 있다고 해. 단순히 위의 크기만 가지고 말하기에는 먹방러들의 세계는 미묘하고도 알 수 없는 그 무언가가 있는 게 분명해. 하지만 분명한 건, 먹고 싶은 음식이라고 무턱대고 많이 먹었다가는 탈이 날 수 있다는 거야. 특히 성장기 어린이가 먹방러를 따라 한다고 갑자기 많은 양의 음식을 섭취하면 위에 염증이 생기기도 하고, 위가 늘어나 꿈틀 운동이 제대로 일어나지 않을 수도 있어. 그럼 소화 불량으로 괴로운 시간을 보내야 하니 조심해야겠지.

성장기 어린이뿐만 아니야. 아무리 체격이 좋은 어른이라도 먹방러들처럼 훈련된 사람이 아닌데 한 번에 많은 음식을 섭취하면 위에 구멍이 나는 위 천공이나 식도가 찢어지는 위험한 일이 생길 수도 있어. 다행히 이런 사고는 나지 않는다고 해도, 폭식으로 인한 비만은 물론 위 주변의 장기를 압박하여 소화 불량이나 당뇨 같은 심각한 합병증을 불러올 수 있다고 해.

뭐든지 지나친 건 부족한 것만 못하다는 말은 특히나 먹는 것에 잘 들어맞는 말 같구나.

역사 속 과학 돋보기 1

내시경의 탄생

위에 탈이 나서 정밀 검사를 해야 할 때, 의사들은 주로 내시경을 사용해. 내시경은 말 그대로 우리 몸속으로 직접 카메라를 집어넣어 안을 살피는 도구이지.

처음 내시경을 생각해 낸 사람은 19세기 독일 의사 쿠스마울이었어. 쿠스마울은 어느 날 유명한 마술사의 쇼를 보러 갔다가 그 마술사가 날카로운 칼을 삼키는 모습을 보고 깜짝 놀랐지. 놀란 것도 잠시, 쿠스마울은 몸과 위까지 관통하는 관으로 환자의 몸속을 들여다보는 것이 가능할지도 모르겠다는 생각을 하게 돼.

그는 놋쇠로 47센티미터짜리 긴 관을 만들었고, 그 마술사를 데려와서 최초로 살아 있는 사람의 위 내부를 관찰했어. 하지만, 그가 만들었던 내시경은 길고 유연성이 없었기 때문에 일반인에게 적용하기에 큰 불편함이 따랐지. 그러다가 미국에서 신소재 유리섬유가 개발되면서 현대 내시경의 시초인 '파이버 스코프(Fiber scope)'가 만들어지게 돼.

이렇게 내시경이 점차 진화하면서 사람들은 수술을 하지 않고도 위 속을 들여다볼 수 있게 되었고, 위궤양, 위암 등 같은 소화기 계통의 질병을 예방하거나 치료할 수 있는 혜택을 누릴 수 있게 된 거야.

역사 속 과학 돋보기 2

헬리코박터균이 발견되기까지

우리나라 위암 발병률은 세계 상위권에 속해. 이런 걸로 상위권을 차지하다니 뭔가 꺼림칙한걸? 전문가들은 우리나라 사람들이 위궤양이나 위암에 취약한 이유를 잘못된 식습관에서 찾고 있어. 게다가 우리나라는 찌개나 반찬을 여러 사람이 함께 먹는 문화가 있어서 위암의 원인으로 지목되는 헬리코박터균이 전염될 가능성도 높대.

헬리코박터균이 뭐냐고? 헬리코박터균은 세계보건기구(WHO)에서도 발암 물질로 규정한 세균이야. 호주의 내과 의사 배리 마셜과 병리학자 로빈 워런이 여러 시행착오 끝에 찾아낸 세균이지.

호주 퍼스 병원의 병리학자였던 워런 박사는 만성 위염이 있는 환자들을 대상으로 현미경 조직 검사를 실시했어. 그런데 절반 정도의 환자들 위에서 동일한 모양의 박테리아가 발견된 거야. 워런 박사는 이 박테리아와 위염 사이에 상관 관계가 있을 거라고 보고 자신의 생각을 발표해. 그런데 당시 학계에서는 워런 박사의 발표를 말도 안 된다고 했지. 왜냐하면 위에서는 아주 강한 산성인 위산이 분비되기 때문에 그 어떤 세균도 살아남지 못한다고 생각했거든. 게다가 위에서는 단백질을 분해할 수 있는 펩신이라는 효소도 분비되고 있어서 위 속에 세균이 남아날 수도 없고 말이야.

사람들은 워런이 거짓말을 한다며 손가락질했어. 하지만 딱 한 사람, 마셜은 워런의 발표에 주목했지. 마셜 박사는 직접 실험해 보기로 결심했어. 자신의 환자들을 대상으로 생체 검사를 시도해 본 결과, 정말 워런의 말대로 환자들의 위 속에서 이상한 모양의 박테리아가 관찰된 거지. 일단 마셜은 이 균에게 이름을 붙이기로 해. 나선을 뜻하는 '헬리코(Helico)'라는 단어에 세균을 뜻하는 '박터(bacter)'를 합쳐 '헬리코박터'라고 했지. 마셜은 더 정확한 실험을 위해 자기 자신을 실험 대상으로 선택했어. 마셜 박사는 헬리코박터균이 가득 찬 컵을 단숨에 들이켰지. 일주일이 지나자 구토를 하고 위에 극심한 통증이 시작되었어. 배를 잡고 구를 정도로 말이야. 마셜 박사는 자신이 가지고 있던 많은 종류의 항생제를 먹고 가까스로 헬리코박터균을 없앴다고 해.

휴, 이런 다사다난한 과정을 거쳐 마셜 박사는 헬리코박터균의 위험성을 증명해 낼 수 있었지. 헬리코박터균에 감염된 모든 사람이 위장 질환에 걸리는 건 아니지만, 마셜 박사와 워런 박사의 연구로 건강을 되찾은 사람들이 많아진 건 사실이야. 이 공로로 두 박사는 2005년 노벨 생리의학상을 받는 영예를 얻게 되지.

"너……, 너는!"

소스라치듯 놀라 천천히 뒷걸음질 치고 있는 마기순 점장을 향해 긴 머리 소녀가 천천히 다가왔다. 앙다문 입과 날카로운 눈매가 뭔가 단단히 작정하고 온 사람 같았다. 긴 머리 소녀가 마기순 점장 코앞까지 다가가 팔짱을 끼며 말했다.

"여전하시군요. 새엄마의 독사과 사랑은."

긴 머리 소녀는 독사과라는 말에 특별히 힘을 주며 말했다.

방금 전까지 마기순 점장이 건넨 사과를 먹으려 입을 하마처럼 벌렸던 백설희가 독사과라는 말을 듣자 소스라치게 놀라며 물었다.

"도, 독사과요? 설마…… 아줌마, 이거 황금 사과 맞죠? 먹으면 예뻐지고 날씬해지고 유명해진다고 하셨던 황금 사과요."

백설희의 말에 긴 머리 소녀는 콧방귀를 뀌며 말했다.

"이봐, 꼬마 아가씨, 그 사과 당장 갖다 버려! 황금 사과는 무슨……. 아직 어려서 모르나 본데, 세상이 그렇게 호락호락하지 않아요. 저 아줌마가 이거 먹으면 예뻐지고 날씬해지고 유명해진다고 해? 에휴, 너희 속은 거야! 요즘 애들은 왜 이렇게 순진한지 몰라."

"아니야! 그건 절대 독사과가 아니야! 백설 공주, 그건 오해였어. 내가 편의점까지 운영하며 황금 사과의 주인공을 찾으려고 한 것도 바로 그 오해를 풀기 위해서였다고! 제발 내 말을 믿어 줘."

마기순 점장이 긴 머리 소녀를 향해 애원하듯 말했다.

세 아이는 마기순 점장의 말에 깜짝 놀라, 마기순 점장과 긴 머리 소녀를 번갈아 쳐다보며 저희끼리 말했다.

"뭐라고? 백설 공주? 설마, 저 언니가 그 동화 속에 나오는 그 백설 공주야?"

"에이, 아니겠지! 생각해 봐. 동화 속 백설 공주는 마음씨도 무지 착하고, 엄청 순진하고, 얼굴도 막 예쁘고……, 뭐 그런 이미지였잖아?"

"맞아, 저렇게 막말하고 버릇없이 구는 사람은 아닐 걸?"

눈앞에 서 있는 사람이 말로만 듣던 백설 공주라는 사실을 도저히 믿을 수 없다는 듯, 세 아이는 고개를 갸웃거리며 저희끼리 속닥거렸다.

"얘들아, 뭐가 어쩌고 어째? 기껏 독사과의 위험에서 구해 줬더니 그게 생명의 은인에게 할 소리니? 안 들리게 작게라도 말하던가. 목소리는 죄다 커서는."

백설 공주의 목소리가 매섭게 올라간 눈꼬리만큼 높아졌다.

"그만, 그만! 모든 게 다 내 잘못이야. 이제는 진실을 말할 때가 된 것 같구나."

마기순 점장은 긴 심호흡을 몇 번 하더니 몇 년 동안 마음속에

담아 왔던 말을 풀어 놓기 시작했다.

"사실……, 나는 백설 공주의 새엄마란다. 백설 공주 이야기는 너희도 알고 있지? 백설 공주가 새엄마가 준 사과를 먹고 쓰러졌다……. 하지만 그 일에 관해서는 나도 억울해. 나는 그렇게 나쁜 새엄마가 아니라고! 나도 백설 공주와 잘 지내보고 싶었어. 하지만 아이돌이 되겠다며 집을 나가 버렸는데 어떡하겠어? 백설 공주를 데려오기 위해 온갖 방법을 다 써 봤지만 소용없었고, 그러다 떠오른 게 사과였어. 백설 공주가 워낙 사과를 좋아했거든. 사과라면 자다가도 벌떡 일어날 정도였으니까 말이야. 사과를 이용하겠다는 아이디어까지는 좋았는데 생각지도 못한 곳에서 결정적인 실수를 저지르고 말았지."

세 아이는 마기순 점장의 이야기에 완전히 몰입된 나머지 어느새 마기순 점장 근처에 찰싹 붙어 다음 이야기를 재촉했다.

"뭔데요? 그 결정적인 실수가 뭐였는데요?"

마기순 점장은 이야기를 이어 나갔다.

"아직도 그날이 생생해. 내가 어떻게 그날 일을 잊을 수 있겠니? 백설 공주를 데리고 와야 한다는 생각에 아침부터 부산스럽게 움직였어. 남편은 이웃집 남자와 골프 약속이 있다며 혼자 다녀오라고 했지. 나 혼자 백설 공주가 있다는 어느 시골의 전원주택 주소를 들고 출발한 거야. 세상에, 그렇게나 깊은 산골에 집이 있으리라고는 상상도 못했어. 아침에 출발했는데 그 집에 도착했을 때는 이미 깊은 밤이었지. 오랜만에 본 백설 공주의 모습은 정말이지 형편없더구나. 다이어트를 한다고 굶어서 그런지 피골이 상접해 있지 뭐냐. 엄마 마음은 다 같으니까 난 백설 공주에게 주려고 가져온 사과 바구니를 내밀었지. 사과를 좋아하는 백설 공주는 게걸스럽게 그 자리에서 한 바구니를 다 먹었고 말이야. 그게, 비극의 시작이 될 줄은……."

마기순 점장의 담담한 고백이 끝나자 모하나가 손을 들고 질문했다.

"저……, 진짜 궁금해서 그러는데요, 어느 포인트가 비극의 시작이라는 거죠? 배고픈 사람에게 사과를 주고, 그 사과를 맛있게 잘 먹었으면 오히려 훈훈한 이야기 아닌가요? 저는 감동 포인트만 보이는데요?"

백설 공주가 어이없다는 표정으로 말했다.

"아, 피곤해. 새엄마가 왜 이러실까? 아주 중요한 말을 쏙 빼놓으시네. 나에게 준 그 사과가 바로 독사과였거든. 그러지 않고서야 그 사과를 먹자마자 엄청난 복통이 생길 리 없잖아? 나 진짜 죽는 줄 알았다고. 윽! 지금도 그때를 생각하면 배에 통증이 생기는 것 같아."

백설 공주가 갑자기 배를 부여잡았다.

하지만 마기순 점장은 고개를 절레절레 흔들었다.

"그건 내가 준 사과가 독사과라서가 아니라, 백설 공주가 생체 시계에 역행하는 시간에 사과를 먹었기 때문이야. 물론 그 시간에 사과를 권한 내 실수도 인정해."

마기순 점장의 말에 백설희가 물었다.

"생체 시계라니요? 새로 나온 시계 브랜드예요?"

백설희의 질문에 심청하가 한숨을 푹 쉬며 말했다.

"설희야, 눈치 좀 챙기자. 여기서 시계 브랜드가 왜 나와? '생체'라는 단어는 '살아 있는 몸'이라는 뜻이니까 아마 우리 몸과 관련된 거겠지."

"청하 말이 맞아. 생체 시계는 사람의 몸에서 수면, 소화, 심장 박동, 체온 조절 등을 낮과 밤에 맞춰 효과적으로 조절해 주는 기관을 말해. 그래서 시계를 확인하지 않아도 밥 먹을 시간, 잠 잘 시간, 일어날 시간을 알 수 있지. 자, 여기를 한번 보렴."

마기순 점장이 황금 거울에 그림 하나를 띄웠다.

"자, 저기 보이는 우리 뇌 속 '시교차 상핵'이라는 곳이 바로 생체 시계가 들어 있는 곳이야. 시교차 상핵은 눈에 빛이 들어오는 것을

감지하고 지금이 활동을 해야 할 낮인지, 쉬어야 할 밤인지를 구별한단다. 그렇게 구별한 뒤, 잠 잘 시간이라고 판단이 되면 '멜라토닌'이라는 호르몬을, 깨어서 활동해야 할 시간이라고 판단이 되면 '코르티솔'이라는 호르몬을 분비하도록 지시하지. 즉, 멜라토닌이 잠을 자야 할 시간을 알려주는 밤의 호르몬이라면 코르티솔은 잠에서 깨어나 활동하라고 알려 주는 낮의 호르몬이라는 거지."

 마기순 점장의 설명이 끝나자마자 심청하가 손을 번쩍 들며 말했다.

"그런데, 생체 시계랑 백설 공주 언니의 배탈이 무슨 관련이 있다는 거예요?"

"내 설명을 조금만 더 들어 줘. 곧 알게 될 테니."

마기순 점장이 황금 거울에 다음 그림을 띄웠다.

"이 그림을 보면 멜라토닌과 코르티솔이 언제 분비되는지, 그로 인해 우리의 생체 시계가 어떻게 돌아가는지를 쉽게 알 수 있지. 백설 공주, 우리 몸이 식사하기에 가장 좋은 시간은 언제지?"

마기순 점장이 백설 공주를 빤히 쳐다보며 갑작스러운 질문을 던졌다.

"참, 제가 바보인 줄 아세요? 생체 시계에 딱 나와 있잖아요. 오후보다는 오전이겠죠."

백설 공주가 콧방귀를 뀌며 대답했다.

"바로 그거야! 우리 몸이 먹은 음식을 소화시키는 데 적절한 시간대는 오후보다는 오전이야. 반대로 음식을 소화시키기 힘든 시간은 늦은 저녁 시간대지. 이건 밤의 호르몬인 멜라토닌이 잠을 자는 동안 소화 기관도 쉬라고 지시하기 때문이야. 하지만 나의 무지로 인해 백설 공주는 늦은 밤에 사과를 먹게 되었지. 그러니 백설 공주의 소화 기관은 쉬어야 하는 시간에 억지로 일을 해야 했고, 그 결과 배탈이 나고 만 거야."

설명을 끝낸 마기순 점장이 갑자기 백설 공주의 손을 덥석 잡으며 말했다.

"백설 공주야, 이제 그만 오해를 풀어. 난 정말 너를 다시 집으로 데려오려고 한 것뿐이야. 생체 시계의 원리를 몰라 밤늦게 너에게 사과를 건넨 나의 불찰이 컸다. 사과할게, 미안해."

마기순 점장의 진심 어린 사과에 백설 공주의 눈이 흔들렸다. 갑작스러운 새엄마의 사과에 당황한 듯했다. 그 모습을 지켜보고 있던 백설희가 들고 있던 황금 사과를 백설 공주에게 건네며 말했다.

"언니, 이 황금 사과는 언니 몫인 거 같아요. 가끔 어른도 실수를 하잖아요. 이제는 오해를 풀고 용서해 드려요. 그거 알아요? 다른 사람을 미워하면 자기 얼굴이 못생겨지는 거?"

백설 공주는 자신에게 황금 사과를 건네는 백설희를 물끄러미 쳐다보았다. 심청하와 모하나도 백설 공주에게 엄지를 들어 보이며 눈을 찡긋했다. 백설 공주는 앞뒤 사정을 따져 보지도 않고 새엄마를 향한 복수심만 키우며 숨어 지냈던 지난날이 부끄러워졌다. 게다가 자신보다 한참 어린 세 아이가 다 큰 두 어른에게 오해를 풀고 서로 화해하라며 부추기는 상황이라니. 하지만 백설 공주는 기꺼이 백설희, 모하나, 심청하의 조언을 받아들이기로 했다.

백설 공주가 큰 결심을 한 듯 마기순 점장을 향해 말했다.

"새엄마, 딱 이번 한번만 용서할 거예요. 대신! 앞으로도 이 편의점에 오는 어린이들이 자신의 몸에 대해 올바른 지식을 가질 수 있도록 힘써 주세요. 어린이들이 저처럼 탈이 나면 안 되니까요."

백설 공주의 말을 들은 마기순 점장은 눈물을 흘리며 백설 공주를 와락 끌어안았다. "진심을 알아 줘서 고마워!"

마기순 점장의 눈에선 기쁨과 안도의 눈물이 흘러내렸다. 지켜보는 백설희, 모하나, 심청하의 눈에도 눈물이 방울방울 맺혔다.

"애들아, 우리 진짜 이 편의점에 다니길 잘했다. 이렇게 감동적인 이야기는 세상 그 어느 곳에서도 만날 수 없을 거야."

"아무렴, 앞으로도 꼬박꼬박 편의점에 들리면서 우리의 우정을 단단히 하자고."

삼총사는 어깨동무를 하고 서로에게 함박웃음을 지어 보였다.

우리 몸속 생체 시계의 비밀

배꼽시계, 아침형 인간, 저녁형 인간 같은 말은 모두 우리 몸의 생체 시계와 관련 있는 말이야. 우리 몸에 시계가 들어 있냐고? 당연하지! 아마 어떤 시계보다 성능 좋고 유용한 시계일 걸? 지구상의 모든 시계가 사라져도 우리는 일어나야 할 시간, 잠을 자야 할 시간, 밥을 먹어야 할 시간을 알 수 있어. 약 24시간 주기로 말이지. 생체 시계는 사람뿐 아니라 살아 있는 모든 것에 장착되어 있어. 사람은 물론이고 동물과 식물, 심지어 박테리아와 곰팡이에게도 말이야. 빛을 받고 살아가는 모든 생명체에 없어서는 안 될 '필수템'이라고 할 수 있지.

그럼 이토록 중요한 생체 시계는 우리 몸 어디에 위치해 있을까? 정답은 바로 우리의 뇌. 좀 더 정확히 말하자면, 눈에서 뇌로 가는 시신경의 길목인 뇌 중심부 말단에 있지. 이곳에 시교차 상핵이라는 생체 시계가 있는 거야. 이 시교차 상핵은 쌀알만 한 크기에 각각 1만 쌍의 신경 세포가 모인 신경핵이야. 크기는 작지만 이 시교차 상핵에서 호르몬 분비와 심박수, 체온 조절 같은 아주 중요한 일들을 처리하고 있지. 시교차 상핵의 주기는 지구가 자전하는 시간보다는 조금 더 긴 24시간 11분 정도라고 해.

이 시교차 상핵은 주로 호르몬의 분비를 통해 우리 몸 전반을 운영해. 그 이름도 유명한 멜라토닌과 코르티솔 호르몬으로 말이야. 두 가지 호르몬은

서로 다른 역할을 하며 우리 몸의 균형을 이루고 있지.

먼저 멜라토닌이라는 호르몬은 수면을 관장하는 호르몬이야. 오후 8~9시 정도에 분비가 되면서 깊은 수면을 유도하지. 우리가 밤에 잠자리에 드는 이유도 이 멜라토닌 호르몬 때문이야. 그러다가 새벽 6~8시쯤이 되면 멜라토닌은 거의 줄어들고 코르티솔의 분비량이 최고치에 도달해. 이로 인해 우리는 잠에서 깨어나게 되지. 그러다 오후로 갈수록 양이 줄어들고 잠을 잘 시간쯤 되면 멜라토닌과는 반대로 분비량이 최저 수준으로 떨어지게 되는 거야.

두 호르몬의 균형이 적절하면 아주 좋지만 둘 중에 하나라도 과하거나 모자라면 일상생활을 하는 데 불편함이 생기게 돼. 자야 할 시간에 스마트폰을 사용한다거나 텔레비전을 보는 것도 생체 시계를 교란시키는 자극이 될 수 있으니 뭐든지 과하지 않게, 알지?

생활 속 과학 돋보기

생체 시계는 야식을 싫어해요

미국의 한 대학 병원에서 18~22세 여성 110명의 식습관을 30일 동안 조사하면서 생체 시계와 식사 시간 사이의 관계를 연구해 보았대. 어떤 결과가 나왔을까? 짐작했겠지만 비만이 있는 사람들 대부분이 잠을 자야 하는 시간에 음식을 먹는 습관이 있었어. 게다가 이렇게 야식을 먹는 사람들은 비만뿐 아니라 소화 불량에 수면 장애까지 겪고 있다는 사실이 밝혀졌어.

아무리 좋은 음식이라도 자기 전에 먹는 음식은 우리 몸에 '독'이 될 수 있어. 왜냐하면 몸이 쉬어야 하는 시간에 음식을 소화시키는 '일'을 추가로 해야 하는 것과 같으니까 말이야. 잠자기 전에 음식을 먹게 되면 사람 몸의 소화 기관은 "고생했어. 이제는 좀 쉬어."라고 한 멜라토닌의 명령에 마음 놓고 있다가 갑자기 입으로 들어온 음식물을 소화해야 하는 상황에 당황하게 돼. 이런 상황이 거듭되면 우리 몸은 자야 할 시간에도 음식을 먹는 게 당연하다고 받아들이게 되고, 그 시간에 식욕이 생겨서 야식을 먹어야 잠이 오는 지경에 이르게 되지. 야식은 소화 불량과 비만의 문제로만 끝나지 않아.

생체 시계는 뇌에만 작용하는 것이 아니라 신체의 각 기관에 동시적인 신호를 보내 우리 몸 구석구석에 있는 세포들에도 영향을 끼쳐. 그래서 갑

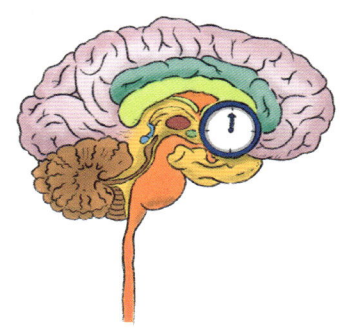

자기 밤낮이 바뀐 생활을 하거나 시차가 큰 나라로 여행을 가게 되면 생체 시계가 흐트러져 몸의 컨디션이 나빠지는 거지. 즉, 생체 시계의 리듬이 깨지면 수면과 체온, 혈압, 호르몬, 체중 조절 등 건강 전반에 영향을 받을 수 있어. 실제로 낮과 밤이 규칙적이지 않은 일을 하는 사람의 당뇨병 발병률은 낮시간에만 일을 하는 직장인보다 높다는 연구 결과도 있고, 2009년 세계보건기구(WHO)에서는 '생체 시계 교란은 암과 대사 질환의 주요 발생 요인'이라고 발표하기도 했어. 즉, 입을 즐겁게 하기 위한 야식은 건강을 위협하는 결정적인 요인이 될 수 있다는 거야. 아무리 맛있는 치킨, 피자라도 밤에는 꾹 참았다가 낮에 먹어야 하는 이유, 이제 알겠지?

역사 속 과학 돋보기

노벨상도 주목한 생체 시계의 비밀

2017년 노벨 생리의학상은 생체 시계의 비밀을 밝혀 낸 세 명의 과학자에게 수여됐어. 그 주인공은 바로 미국 메인 대학교의 교수 제프리 홀, 브랜다이스 대학의 교수 마이클 로스배시, 록펠러 대학의 교수 마이클 영이었지. 세 사람은 초파리 실험을 통해 생체 시계에 관여하는 유전자가 어떤 과정을 통해 24시간 주기를 나타내게 되는지 그 작동 방식을 규명해 냈지. 그전까지는 생체 시계라는 게 있고, 그것에 관여하는 유전자가 있다는 것까지는 알려져 있었지만 작동 방식까지는 설명이 어려웠거든. 그랬던 것이 이 세 과학자들의 30여 년에 걸친 꾸준한 연구로 세상에 밝혀지게 된 거야.

그런데, 이 세 명의 과학자보다 앞서 생체 시계라는 아이디어를 생각해 낸 사람은 누구일까? 그리고 그 사람은 왜 그런 생각을 하게 되었을까? 시간은 지금으로부터 약 300여 년 전으로 거슬러 올라가. 1729년 프랑스의 천문학자 장 자크 도르투 드메랑이라는 사람이 미모사라는 식물을 키우고 있었대. 혹시 미모사를 본 적 있니? '신경초'라고도 불리는 이 식물의 잎을 손으로 만지면 바로 움츠러들지. 드메랑 박사는 미모사가 낮에는 잎을 펼치고 있다가 어두워지면 잎을 오므린다는 사실을 발견했어. 그는 미모사

가 태양이 없는 어두운 곳에서도 밤과 낮에 다르게 반응할지 궁금해졌어. 그런데 태양 빛이 전혀 들지 않는 어두운 곳에서도 미모사가 일정한 밤낮의 주기에 맞춰 잎을 펼쳤다가 오므렸다가를 반복했다는 거야. 그래서 그는 식물도 자신의 리듬을 조절하는 생체 시계를 갖고 있다는 것을 확인하게 되었지.

하지만 이게 단순히 빛 때문이 아니라 온도 때문일 수도 있다는 생각을 한 사람도 있었어. 좀 더 정확한 실험을 위해서는 온도라는 요인도 고려를 해 봐야 한다는 거지. 그래서 조르주 뒤아멜이라는 프랑스 사람이 햇빛이 전혀 들어오지 않는 포도주 창고에서 온도를 달리 하면서 실험을 다시 해 보았지. 놀랍게도 온도와 상관없이 미모사는 역시나 밤낮의 주기에 맞춰 잎을 펼쳤다가 오므리기를 반복했다는 거야.

이에 놀란 또 다른 학자들이 이번에는 24시간 내내 밝은 빛을 쏘이며 미모사 잎을 관찰했는데, 주기만 다소 빨라졌을 뿐 역시나 일정 주기로 잎이 펼쳐지고 오므려지기가 반복되었지. 과학자들은 여러 외부 조건이 변하더라도 식물은 약 24시간의 주기로 생활을 하고 있으며, 그 리듬을 관장하는 생체 시계를 지니고 있다는 걸 인정하지 않을 수 없었지.

"안녕하세요! 마기순 편의점입니다. 무엇을 찾으시나요?"

편의점 문이 열리자마자 들려오는 우렁찬 백설 공주의 인사에 백설희, 모하나, 심청하가 깜짝 놀랐다.

"어? 아줌마는 어디 가셨어요?"

심청하가 계산대 뒤를 힐끗거리며 물었다.

"아줌마? 아, 마기순 점장님! 지금 팬 사인회 가셨어."

"팬 사인회요? 유명 연예인이나 한다는 그 팬 사인회 말이에요?"

평소 팬 사인회라면 껌뻑 죽는 백설희가 놀라며 물었다.

백설 공주가 고개를 끄덕이며 대답을 이어 나갔다.

"그래, 마기순 점장님이 그동안의 이야기를 써서 책으로 냈는데, 그게 베스트셀러가 됐지 뭐니. 그래서 팬 사인회에 저자 특강까지 다니며 눈코 뜰 새 없이 바빠지셨어. 딸로서 바쁜 엄마를 돕는 건 당연한 도리 아니겠어? 그래서 오늘부터 여기서 아르바이트하게 되었단다. 이제 이 백설 공주님한테 잘 보여야 한다는 말씀!"

백설 공주의 말에 모하나가 콧방귀를 끼며 말했다.

"치, 언니는 우리가 간식을 사도 아줌마처럼 설명도 못 해 줄 거면서."

"어머, 애 좀 봐. 나도 알 건 알거든! 아무렴 너희보다 모르겠니?"

발끈하는 백설 공주의 말을 듣고 심청하가 장난기 가득한 얼굴로 한 가지 제안을 했다.

"그럼 언니, 이번엔 아줌마 대신 언니가 황금 사과 문제를 내주면 어때요? 첫 번째 황금 사과는 우리가 언니한테 양보했으니, 이번엔 언니가 우리한테 기회를 주는 거죠. 뭐, 자신 없으면 안 하셔도 되고요."

심청하의 도발에 백설 공주가 지지 않고 말했다.

"누가 자신 없대? 좋아! 그럼 두 번째 황금 사과 주인공 찾기 프로젝트를 바로 가동해야겠군. 너희 셋, 단단히 각오해. 전보다 훨씬 어려운 문제로 준비할 테니."

하지만 세 아이는 눈 하나 깜짝 않고 말했다.

"걱정 마세요. 우리도 이 편의점 허투루 다닌 거 아니니까요."

이렇게 두 번째 황금 사과의 주인공 찾기가 시작되었다. 과연, 두 번째 황금 사과의 주인공은 누가 될 것인가?

1판 1쇄 발행일 2023년 10월 16일 1판 2쇄 발행일 2024년 5월 16일

글 고은지 그림 왕지성 감수 이주영
펴낸곳 (주)도서출판 북멘토 펴낸이 김태완
편집주간 이은아 책임편집 변은숙 편집 김경란, 조정우, 정혜영 디자인 퍼플트리, 안상준
마케팅 강보람, 민지원, 염승연
출판등록 제6-800호(2006. 6. 13.)
주소 03990 서울시 마포구 월드컵북로 6길 69(연남동 567-11) IK빌딩 3층
전화 02-332-4885 팩스 02-6021-4885

- bookmentorbooks.co.kr
- bookmentorbooks@hanmail.net
- bookmentorbooks__
- blog.naver.com/bookmentorbook

ⓒ 고은지, 2023

ISBN 978-89-6319-532-2 73470

※ 잘못된 책은 바꾸어 드립니다.
※ 이 책은 저작권법에 따라 보호를 받는 저작물이므로 무단 전재와 무단 복제를 금합니다.
※ 이 책의 전부 또는 일부를 쓰려면 반드시 저작권자와 출판사의 허락을 받아야 합니다.
※ 책값은 뒤표지에 있습니다.

인증유형 공급자 적합성 확인 **제조국명** 대한민국 **사용 연령** 8세 이상
KC마크는 이 제품이 공통안전기준에 적합하였음을 의미합니다.
종이에 베이거나 책 모서리에 다치지 않도록 주의하세요.